어쩌면 나도
무례한 사람일까

헨리에테 쿠르트 · 사라 파울젠 지음

강민경 옮김

필름

정글을 헤치며 몸싸움을 아끼지 않은 우리의 어머니들

바바라 여사와 사비네 여사에게 바칩니다.

사람 정글에서 알아야 할
예의와 무례

나이프와 포크로 새우 껍질을 깔끔하게 벗겨낼 수 있다는 이유만으로 저녁 식사에 초대받은 적이 있는가? 공적인 자리에서 박사학위를 받은 의사는 박사학위가 없는 명문가 혹은 특권층 출신 의사보다 먼저 소개되고, 특권층인 데다 박사학위까지 있는 의사는 누구보다도 먼저 소개되는데, 이처럼 남들보다 먼저 소개되고 싶다는 이유만으로 커리어를 결정한 적이 있는가? 혹시 당신이 시부모나 장인장모에게 사랑받는 이유가 음식을 어른 앞에 먼저 놓아드려서인가?

그렇지 않을 것이다. 저녁 식사에 초대받는 이유는 당

신이 편안하고 재미있고 배려심 넘치고 현명하고 매력적인 사람이기 때문이다. 커리어가 탄탄대로를 밟는 이유는 당신이 일을 잘하고 성격도 좋기 때문이다. 시부모나 장인장모에게 사랑받는 이유는 당신이 살갑게 대할 줄 알고, 식탁에서 휴대전화만 들여다보는 게 아니라 가족들에게 관심을 보이는 사람이기 때문이다.

대부분의 경우는 그렇다. 그렇다고 오늘날 예의가 중요하지 않은 것은 아니다. 오히려 더욱 철저하게 예의를 지켜야 한다. 사람이 밀집해 사는 도시는 집, 일자리, 주차 공간, 어린이집 입학 정원, 공원의 조용하고 구석진 자리를 두고 많은 이들이 다투는 정글이나 마찬가지다. 이때 모두가 팔꿈치로 서로를 찍어댄다면 친절하고 참을성 있는 사람들로 구성된 아름다운 유토피아는 빠르게 붕괴되고 만다. 결국 우리는 서로 적이 되어 고통의 늪에 빠지고 인간으로서 존엄성을 잃은 채 성공적인 삶과는 멀어진다. 버릇없고 예의 없는 행동은 우리가 목표에 도달하는 걸 막는 방해물이다. 심지어 예의 없는 행동은 스스로를 해치는 행동인지도 모른다. 예의 없는 사람이 되려면 이기심과 부정적인 생각, 혐오로 스스로를 가득 채워야 하기 때문이다.

예의라는 일상의 윤활제

다른 사람들과 이기적인 정치인들 때문에 세상이 지옥이 된 건 아니다. 우리도 거기에 일조했을 것이다. 자유에 익숙한 우리는 누구에게도 폐기물 처리장에 가서 쓰레기를 치우는 착한 일을 권하지 않는다. 시간 약속을 지키지 말라거나 오페라 공연에 고무 슬리퍼를 신고 가라고 권하지도 않는다. 하물며 오페라 공연에 고무 슬리퍼를 신고 가면서 시간 약속까지 지키지 말라고는 더더욱 권하지 않는다.

예의는 우리의 일상을 원활하게 돌아가도록 하는 윤활제로 아주 중요하다. 그런데 우리는 현재의 공중도덕이 시대정신에 알맞게 수정되어야 한다고 생각한다. 실제로 많은 공중도덕이 빠르게 변했고 완전히 새로운 행동양식도 생겨났다. 미국 부통령 카멀라 해리스는 대통령 선거 운동 기간 동안 스니커즈를 신었다. 저명한 정치가들이 이케아 매장의 직원들처럼 시민들에게 친근하게 말을 건다. 독일 보건부 장관인 옌스 슈판은 동성 연인과 결혼했다.

다행히 이제 우리는 성차별, 인종차별을 비롯해 모든 다양한 종류의 차별에 주목하고 있다. 인종차별은 차별을 당한 당사자나 그 국가만의 문제가 아니라 널리 논의되는 문제다. 사육제가 열리는 행사장에서도, 남자들끼리 시답잖은 이야기로 낄낄거릴 때도, 코미디 쇼에서도 트랜스젠더를 유머의 소재로 삼는 사람은 없다.

일상생활을 살펴보자. 유치원 어린이들 사이에서는 올리브 씨앗을 똑바로 뱉어내는 방법보다 만화영화 시리즈가 더 중요한 주제이고, 손님을 초대한 사람은 윤리적으로 도축된 고기를 사용해 요리할까를 고민하고, 청바지를 입고 출근하는 건 괜찮지만 청바지를 입은 동료 직원의 '뒤태'를 언급하는 건 잘못된 일이다.

당신이 대통령의 여름 파티에 초대받았고, 그곳에 수많은 의사들도 참석했다고 치자. 그렇다고 하더라도 특권층이 아닌 의사보다 박사학위를 받은 특권층 의사에게 먼저 인사할 필요는 없다. 민주주의 국가에 사는 우리의 시각에서는 박사학위를 받은 특권층 의사를 평범한 의사보다 존중해야 할 이유가 없다. 이런 상황이 고열 중에 보는 환각이나 예의범절 과목 기말고사에나 나올 법한 비현실적인 것이라고 생각하는가?

물론 우리 상상 속의 박사학위를 받은 특권층 의사는

자신의 가문이나 특권을 과시하지 않는 이해심 깊은 사람일 것이다. 어쨌든 당신이 대통령과 티타임을 가지거나 총리와 식사하거나 노벨상 수상자들과 저녁 식사를 하게 된다면 일상생활에서 하던 것과는 조금 다른 행동이 더 중요해진다.

통용되던 것이 이제는 낡은 것이 되다

우리가 사는 시대는 아름다운 동시에 유약하다. 20년 전에 비해 세상이 훨씬 나아졌다고 말하는 사람이 많다. 무력충돌도, 범죄 피해자가 되는 사람도 훨씬 적다. 이제 우리 사회는 어린아이나 동물을 때리는 것을 용납하지 않고, 약자의 권리를 인정한다. 채식주의자들은 이상한 사람으로 취급받지 않고 당당하게 사회의 일원이 되었다. 오늘날만큼 소수자들이 존중받는 시대도 없었다. 사람들은 이제 남성과 여성 이외의 성별로 자신을 나타낼 수 있으며 이에 따라 화장실을 개편해야 한다는 논의도 이어지고 있다.

우리의 일상으로 범위를 좁혀보면, 이전에 통용되던

많은 것들이 낡아버렸고 여태까지 눈감고 넘어가던 많은 것들이 의문시되기 시작했다는 뜻이다.

수십 년간 이어진 과잉소비와 전 세계적인 기후변화로 인해 오늘날 소비 문화와 선물 문화가 새로운 국면을 맞이했다. 예산을 꽉 채워 남에게 줄 선물을 사려는 사람은 많지 않다. 현대인들이 직접 대면하는 것보다 페이스북이나 인스타그램, 왓츠앱 등을 통해 연락하기를 선호하면서 과거에 우리네 할머니와 보모 사이에서는 절대 일어나지 않았을 오해가 쌓이기도 한다. 혐오발언과 가짜뉴스가 난무하는 요즘은 공개적인 메시지를 볼 때 다시 한번 고민하고 용기 있게 반박하는 행동이 어느 때보다 중요하다. 자신의 이미지를 위해서뿐만 아니라 사회 평화를 위해서도 말이다.

모든 것이 변하는 지금 이 순간, 우리는 어느 쪽을 향해야 할까? 사회적 동의를 결정하는 사람은 누구일까? 살기 좋은 사회란 과연 어떤 곳이어야 할까? 어떤 것이 예의이고 어떤 것이 무례인지는 누가 정할까?

오래전에는 특권층, 즉 귀족 계층 사람들이 행동과 예의범절의 모범이었고, 그들의 행동양식과 말투가 기준이었다. 그런데 특권층이 정치적, 사회적 권력을 잃으면서 모범과 기준도 무너졌다. 부르주아 엘리트들이 그 자리를 메울수 있을까? 이 나라의 소위 경제 엘리트들은 정직함, 성실함, 책임지는 자세 같은 기본 도덕은 등한시하면서 검찰을대할 때나 법정에서, 혹은 형을 선고받았을 때 최대한 점잖고 예의 바른 모습을 보인다. 정중한 태도를 보임으로써 거대한 위기를 그럭저럭 수습하고 나면 엘리트들은 예의를완전히 몸에 장착하게 되는데, 우리 모두가 알다시피 그것은 행실 바른 사람이 되려는 노력의 일환이 아니다.

　질서, 근면성실, 규율, 신뢰 등의 개념은 1960년대부터 그 가치를 거의 잃어버렸다. 세계대전 관련 기관에서 활용하면서 명성에 흠집이 났기 때문이다. 물론 가정에서나개인의 경제활동에서는 아직도 앞서 언급한 개념의 가치가중요한 역할을 하지만, 타인과 어울릴 때는 더 이상 그렇지않다(그럼에도 청렴함은 당연히 기본적인 전제조건이다).

　다행히 블랙 교육학(억압적이고 해로운 전통적인 교육 방법을 말한다—옮긴이)은 사라졌고 그 자리를 〈말괄량이 삐삐〉에 나오는 스파게티 파티처럼 창의적인 내용이 채웠다. 오늘날 우리는 아이들을 자기주장이 강한 사람으로 키운다.아이들은 유치원생일 때부터 자기 감정을 가감 없이 표현하고 초등학교에 가면 친구를 따돌리는 법을 배운다. 노트 필기를 깔끔하게 하는 법을 알려주거나 책상 위에 팔꿈치를 올리지 말라고 가르치는 것은 이제 우선순위가 아니다. 사람과 사람이 처음 상호작용을 할 때 중요한 '좋은 관계 맺는 법'은 그 가치를 잃었다. 고등교육을 받은 부모를 둔 아이들은 오늘날 포크를 올바르게 쥐는 법은 몰라도 학급 전체에서 유행하는 의류 브랜드는 민감하게 포착한다.

나만의 장점과 원칙을 살려 타인을 배려하기

사람은 대개 눈에 보이는 선에서만 다른 집단에 침투할 수 있다. 아직도 소시오토프 sociotope (가변적이지만 그 범위는 한정된 사회적 공간을 말한다―옮긴이)가 존재하므로 우리는 그 범위 내에서만 어느 정도까지 신분을 상승시킬 수 있다는 뜻이다. 학생회에 들어가거나, 전문 직업인들의 사교 클럽이나 사회봉사 단체에 들어가거나, 엘리트들만 모인 스포츠 클럽에 들어가거나, 중산층이 사는 동네로 이사하는 것은 가능하다. 그렇게 신분 상승에 성공한 사람들은 다른 사람들과 어울려 공동체를 만들고, 나이 많은 실업가들의 도움을 받아 커리어를 일구고, 바람직하게는 자선사업을 하게 된다. 이때도 굳이 언급되지는 않지만 존재하는 규칙, 규범, 전통 등을 파악하는 것이 중요하다.

하지만 이 책은 순응과 위장, 자기부정을 통해 성공에 이르는 방법을 일러주지는 않는다. 여러분이 원래부터 성공한 사람의 부류에 속하든, 아니면 상상하던 바를 현실로 이루어내는 재능이 있어 신분 상승에 성공했든 우리의 도움이 필요하지는 않을 것이기 때문이다. 대부분의 사람들은 순응하는 데 성공하지 못해서 위장으로 겨우 가리고 있던 자신의 원래 모습이 드러날까 봐 두려워하며 살거나 집단에서 튕겨져 나간다. 당신이 낯선 정체성이라는 가면을 쓰고 살아야만 하는 삶은 과연 얼마나 가치 있는가? 자신이 인식하는 것과 타인이 인식하는 것의 조화가 이루어지는 순간이 때로는 사회적, 경제적 성공보다 행복하다.

그러므로 예의 바르게 행동해야 할 때 자신만의 생각과 감정 이입 능력을 발휘해야 한다. 별 쓸모도 없는 '균형 잡힌 삶을 사는 법' 따위로 머릿속을 가득 채우기보다는 자신만의 장점과 원칙에 집중해야 한다. 어떻게 하면 상대방을 더 깊이 고려하고 배려할 수 있을지 생각하는 사람은 벌써 올바른 방향으로 나아가고 있는 셈이다.

물론 말처럼 쉽지는 않다. 예의범절의 위신이 점점 떨어지고 있어 우리 사회가 조금씩 느슨해지고 있는 데다 또 다른 문제가 발생했기 때문이다. 정체성이라는 선택지가 매우 다양한데도 사회적으로 알맞은 것들만 몇 가지 골라 그대로 행동해야 한다는 문제 말이다. 이런 건 말하자면 누구나 따라 하는 힙스터 문화이거나 '남에게 보여주기 위한 나'다. 대도시에서 유행하는 것이라면 곧 많은 사람들이 그것에 따라 가방이나 신발을 착용하고, 수염을 기르고, 모자를 쓰고, 음료 메뉴를 주문한다.

혹자는 그것이 자신의 정체성을 마음껏 드러내고 자기를 브랜딩하는 행동이라고 말한다. 그런데 이웃, 친구, 동료 혹은 사장에게 맞추려고만 하는 사람이 어떻게 개성적일 수 있으며 스스로의 가치를 높일 수 있단 말인가. 애초에 남들이 요구하는 외양을 어떻게 충족할 수 있단 말인가.

이 책을 쓴 이유는 사람들이 남을 따라 하고 유행만 좇는 데서 벗어나 스스로의 능력을 다시금 확인하고 자신만의 고유한 특징을 더욱 발전시켜 가도록 돕기 위해서다.

예의는 서랍을 뒤져 찾아내 가슴팍에 꽂는 훈장 같은 액세서리가 아니다. 그런 종류의 예의는 진정한 어른과는 전혀 상관없이 획일화된 사회를 만드는 데 쓰이는 규칙일 뿐이다. 우리는 실수해도, 확신하지 못해도, 잘 몰라도 괜찮다.

《100년의 교제술》이라는 책을 저술한 아돌프 크니게조차 같은 시대 사람들에게 눈엣가시처럼 여겨져 당시 지식인들이 모이던 많은 장소에서 출입금지를 당한 적이 있다. 그는 자신의 책에 다음 세대들은 부디 서로 갈등을 겪지 않기를 바란다고 썼다(사실 크니게는 겉치레 같은 인사법에 관한 글이 아니라 사람들이 서로 조화롭게 사는 방법에 관한 에세이를 썼을 뿐이다).

상처는 기억에 오래 남으므로

우리는 스스로가 불완전하다는 사실만큼이나 모든 것은 시간이 지나면 잊힌다는 사실을 굳게 믿는다. 우악스럽고, 거칠고, 부적절하고, 안하무인에, 반사회적이고, 잔인

한 행동 또한 곧 잊히리라고 생각한다. 그러나 부정적인 경험은 기억에 더 오래 남는다. 이미 오래전부터 과학적으로 증명된 이 사실을 우리는 일상에서 자주 경험한다.

예를 들어 질병이나 상처는 다른 사건보다 기억에 더 오래 남는다. 전철에서 부주의하게 움직이다가 남에게 피해를 주거나 갑자기 욕설을 내뱉는 사람들이 있는데, 만약 당신이 그런 피해를 입으면 그 영향이 생각보다 오래가서 당황스러울지도 모른다. 반대로 당신이 가해자가 될 수도 있다. 그러니 길에서 앞사람이 꾸물거린다고 해서 스쳐 지나가며 욕을 하거나 그 사람을 밀치고 앞서가기 전에, 과연 나는 그런 행동으로 무엇을 얻고 상대방은 나의 행동으로 얼마나 스트레스를 받을지를 먼저 생각하는 편이 좋다.

자기 행동의 기회비용을 고려하고 거친 태도와 말투를 자제해야 한다. 그렇지 않아도 우리는 이미 일상에서 넘칠 정도로 충분한 압박과 스트레스를 느끼기 때문이다. 더 나아가 평소에 남들에게 친절하게 행동해야 한다. 슈퍼마켓 청과물 코너의 점원에게 토마토가 신선해 기쁘다는 말을 건네고, 약국에서는 약사에게 새 안경이 잘 어울린다는 말을 건네고, 이웃이 무거운 짐을 들고 가는 모습을 보면 도와주자. 물론 그러기 위해서는 대도시에 사는 사람으로서의 익명성을 조금 포기해야 하겠지만, 예의를 차리고 남을 돕는 일에 나서면 적어도 상대방의 미소를 볼 수 있고 당신도 덩달아 기분이 좋아질 것이다.

이것이 우리가 이 책을 통해 전달하고자 하는 주제다. 우리는 독자들이 예의를 알고 이해하고 최대한 규범과 예의에 맞는 행동을 하는 것이 당연하다는 사실을 알았으면 한다. 남들의 이목을 끌지 않고 자신의 삶을 살고 싶다면, 그 일에 필요한 규범과 예의를 알아야 한다. 남들의 눈에 띄고 싶다면, 예의 없고 규칙을 파괴하는 모습이 아니라 친절함과 유머감각으로 주목받아야 한다. 타인과 어울릴 때 진정한 당신이 되길 바란다. 당신의 마음속 친절함이 분노와 짜증, 심통 등에 묻히지 않도록 하길 바란다. 스스로 바라는 행동에 나설 확신을 얻길 바란다.

사람은 누구나 타인의 변덕을 예의 주시하고 어떤 일이 잘못될지를 예측해서 대부분의 문제를 세련되고 안정적인 방식으로 해결하거나 심지어는 문제가 발생하는 것 자체를 막을 수 있다. 내가 예의를 차리는 데 다소 미숙하더라도 주변 사람들이 올바른 예절을 숙지하고 있다면 어느 정도 도움을 받을 수도 있다.

　사람들이 조화롭게 공동체를 이루어 살기 위한 전제 조건은 공감 능력, 남의 실수에 대한 관용, 풍부한 유머감각, 명확한 이해, 그리고 분노나 짜증과 거리를 두는 능력이다. 이것만 기억해도 우리는 가족 관계나 다른 어떤 인간관계에서든 사람들이 모인 정글 속에서 무사히 살아갈 수 있을 것이다.

차례

1장 　　　　　　　　　　　모든 사람에게
　　　　　　　　　　　더 많은 칭찬을

바에서 만난 여성에게 말을 거는 것보다 주변 사람들을
칭찬하는 게 우선이 아닐까? 어머니에게 집에서 어릴 때 먹던
어머니 손맛이 담긴 음식을 먹으니 행복하다고 말해보면
어떨까? 연인에게 당신과 함께 있으면 마음이 편안하다고
말하면 어떨까? 일로 지친 아버지에게 아버지가 고쳐준
장난감이 가장 좋았다고 말하면 어떨까? 피곤해하는
배우자에게 당신 덕분에 우리 아이들이 이웃 사람들과
잘 지내고 있다고 말하면 어떨까?

월요일 오전이다. 이 원고를 다섯 번째로 교정해야 하고, 날씨는 흐리고, 기분도 꿀꿀하다. 그리고 내가 들은 남편의 마지막 칭찬의 말은 심지어 나를 향한 것이 아닌 이웃 여자의 옷 입는 스타일이 멋지다는 말이었다.

주말에는 견과류를 넣은 시나몬롤을 굽고 사진을 찍었다. 베이킹이든 요리든 성공적인 결과물은 꼭 기록으로 남겨두어야 하기 때문이다. 기분이 밑바닥까지 가라앉은 월요일 오전, 영광스러운 빵 사진을 페이스북에 올렸다. 건포도는 싫어하니 넣지 않았다는 말과 알맞은 이모티콘을 덧붙였다. 이제 누군가가 '좋아요'를 눌렀다는 알람이 오길 기다릴 차례다.

재료와 시간을 풍부하게 들인 홈메이드 빵의 사진을 올리고 나자 조금 자조 섞인 기분이 들었다. 꽃이나 풍경, 작은 동물, 성공 같은 카테고리에 속하는 글을 올렸다면 벌써 '좋아요'를 받았을 텐데. 얼마 전에 멋들어진 옷을 입고 포토샵으로 후처리까지 한 새로운 프로필 사진을 찍었으니 페이스북 프로필 사진을 바꿔도 좋을 것이다. 거기까지 상상하고 나자 월요일 아침부터 대체 뭘 하는 건가 하는 생각이 들었다.

그렇다면 나는 왜 '좋아요'에 집착하는 걸까? 그게 밥 먹여주는 것도 아닌데 말이다. 해야 할 일을 적어놓은 종이가 두루마리 휴지처럼 끝도 없이 이어진 바쁜 와중에 왜 568명의 친구들에게 보여주려고 집에서 만든 빵 사진을 올렸을까?

그 답은 신경과학에서 찾을 수 있다. 전문가들에 따르면 SNS의 '좋아요' 버튼은 측좌핵 혹은 아쿰벤스핵nucleus accumbens 이라고 불리는 뇌의 보상중추를 활성화한다. 측좌핵은 돈, 섹스, 칭찬 등의 자극에 따라 도파민 분비를 자극하는 쾌락과 보상, 중독의 중추다. '좋아요' 같은 칭찬, 섹스, 월급 인상 등은 우리를 기쁘게 한다.

우리가 휴가 사진, 네일아트 사진, 직접 만든 음식이나 빵의 사진을 올려 뜨거운 반응을 얻을 SNS를 끊임없이 찾는 이유는 인정욕구 때문이다. 나는 늘 부족한 존재이지만 그럼에도 나를 남에게 보이고 싶고, 유일무이한 개성을 드러내고 싶고, 동의를 얻고 공감을 받고 싶다. 그런데 왜 우리는 페이스북이나 인스타그램, 트위터 같은 공간에서 남들이 나를 인정하고 칭찬해주기를 기대하는 걸까? 왜 우리는 아주 작은 긍정의 표시인 '좋아요'에 신경을 쓰는 걸까? '좋아요'를 받아도 현실에서는 미소를 짓기는커녕 입꼬리가 미동조차 하지 않는 일이 다반사인데 말이다.

우리는 왜 칭찬에 인색할까?

실제 사람으로부터 받는 진심 어린 칭찬과 클릭 한 번이면 만들어낼 수 있는 '좋아요'의 차이는 이를테면 가장 좋아하는 레스토랑의 맛있는 피자와 퍽퍽한 호밀빵의 차이만큼이나 크다. 우리는 왜 상대방의 얼굴을 보고 "좋은 아버지시네요"라든가 "상냥한 선생님이시네요"라고 칭찬하는 대신 '좋아요' 버튼만 누르고 마는 걸까? 타인을 보고 칭찬하는 게 왜 그렇게 어색하고 어려울까? 우리의 일상은 그렇지 않아도 힘들다. 자동차를 운전할 때는 끼어들기를 당하지 않고 지나가는 날이 없고, 다른 차량이나 사람에게 진흙물을 튀기지 않게 조심해야 한다. 일할 때는 인정받지 못하는 일도 꾸역꾸역 해내야 하며, 집으로 돌아와서는 늘 시간과 돈이 부족하다고 툴툴대고 나에게 관심도 없으며 선의로 하는 말에도 말대꾸할 생각만 하는 아이들을 마주해야 한다.

사는 게 힘드니 남을 칭찬할 여력이 없을 수 있다. 하지만 우리 사회는 칭찬하는 일에 너무 인색하고 게으르다. 많은 미국인들은 어떤 사소한 일에도 "멋지다"거나 "대박이다"라는 말을 달고 살고, 낯선 사람에게도 "자기darling"라고 친근하게 부르며 말을 건다. 그런데 우리 사회에는 '욕하지 않는 것만도 충분한 칭찬'이라고 생각하는 사람이 많다. 동료 직원의 새로운 머리 스타일을 칭찬하거나 근력 운동을 하는 청년들의 이두박근을 칭찬하는 건 오히려 좋지 않다고 반박하는 사람들도 있을 것이다. 이런 종류의 칭찬을 할 때는 상대방에게 치근거리는 것처럼 보일 위험을 감수해야 하기 때문이다. 또 상대방을 멋대로 판단하는 것처럼 보일 위험도 감수해야 한다. 칭찬은 상대방과 나 사이의 경계선을 아주 살짝 넘어가는 일이고, 그 점은 우리 모두가 인지해야 한다.

미투 운동이 벌어지는 오늘날에는 특히 남자가 여자의 외모를 칭찬하는 것이 가부장적인 권력의 도구나 보복, 타인을 판단하는 권리로 비칠 우려가 있다. 가장 중요한 것은 나중에 후회하기보다는 조심하는 편이 낫다는 사실이다. 안타깝게도 결과적으로는 모두가 조심하면서 동시에 후회하는 상황이 벌어진다.

우선 여성들로서는 직장이나 길거리에서 스키니진이나 예쁜 블라우스에 대한 남자들의 끈적끈적한 말들을 더 이상 듣지 않아도 되니 다행이다. 마음에 드는 이성을 향한 호감 표시는 이전과 마찬가지로 가능하다. 성적인 요소를 배제한 칭찬도 얼마든지 가능하다. 그러니 '말을 잘못 하면 어쩌지?'라는 두려움 때문에 하고 싶은 말을 포기할 필요는 없다. 솔직하게 남을 칭찬하고 애정을 드러내면 우리는 더욱 가치 있고 아름다운 존재가 된다. 미투 운동을 잘못 이해하고 지레짐작해 상대방에게 따뜻한 말 한마디 건네지 못한다면 얻는 것보다 잃는 것이 많을 것이다.

그렇다면 칭찬하는 방식을 어떻게 바꾸면 좋을까? 칭찬의 단점(선을 넘는 치근거림, 성적 비방, 수치심 유발)을 감수하지 않고도 상대방의 장점(분위기 메이커, 같이 있으면 기분 좋은 사람)을 언급하려면 어떻게 해야 할까? 우리가 아무리 애써도 이 세상에서 사라지지 않는 것들이 있다. 칭찬도 그중 하나인데, 다른 사람을 칭찬할 때는 그 사람이 정해둔 경계를 최소한으로만 침범해야 하며 동시에 스스로가 그 사람을 판단하는 주제넘은 짓을 하고 있다는 인식을 가져야 한다.

칭찬할 때 약간의 긴장이 필요하다

칭찬은 매력적이고 예기치 않은 행운 같은 것이지만 칭찬할 때는 긴장을 놓지 말아야 한다는 사실을 기억해야 한다. 이를 감수하고 싶지 않다면 대안은 단 하나뿐이다. 칭찬을 하지 않으면 된다. 하지만 그러면 우리 사회는 암울해질 것이다. 자신의 의견 열 개 중 불필요한 두 개 때문에 나머지 여덟 개까지 포기할 필요는 없다. 다만 칭찬이 늘 100퍼센트 칭찬은 아니라는 사실에 주의해야 한다. "옷걸이가 좋으니까 옷이 사네"라든가 "○○씨가 우리 사무실에서 제일 예쁘네" 같은 말은 칭찬이기는 하나 신경에 거슬리는 말이다. 사람은 누구나 매력적으로 보이기를 바란다. 연인이나 마음에 둔 사람에게 잘 보이기를 원하는 것은 당연하다. 그런데 갑자기 엉뚱한 곳에서 이런 칭찬이 날아오면 불쾌할 뿐이다.

온라인에서든 오프라인에서든 남성들에게 '사냥감'처럼 보이고자 하는 여성은 거의 없다. 그러니 여성의 외모(특히 신체)에 대해 언급하지 말아야 한다. 그런데 사실 아름다움, 견줄 수 없는 외모 등에 대한 칭찬은 평가 피라미드 중 가장 높은 곳에 있는 것이라서 몹시 다루기 힘들고 자칫 잘못했다가는 이상한 사람으로 몰릴 우려가 있지만 다른 한편으로는 많은 사람들이 원하는 칭찬이기도 하다. 칭찬의 일방통행로를 순환로로 확장한다면, 인정받기를 원하는 남성들을 격려하고 원치 않는 칭찬과 평가로 스트레스를 받는 여성들을 구원할 수 있을 것이다. 그러면 여성들이 가시 돋친 장미로서 그녀의 아름다움과 유일무이함에 매료된 왕자를 기다리기보다는 스스로 악당들과 싸우는 일에 나설지도 모른다. 즉 여성들은 거울만 들여다보며 자신의 외모를 비판적으로 바라보기보다는 외부의 세상에 집중하게 되고, 남성들은 반대 입장이 되어 여성들에게 외모로 평가받는 것이 어떤 의미인지를 직접 체험하게 된다.

멀리 갈 필요도 없다. 헬스장에서 다른 남성의 엉덩이를 칭찬한다고 생각해보자. 여성이 남성에게 당했을 때 불쾌하다고 느끼는 지점을 똑같이 되갚아준다고 우리 사회의 칭찬 부족 문제가 해결되지는 않는다. 바에서 만난 여성에게 말을 거는 것보다 주변 사람들을 칭찬하는 게 우선이 아닐까? 어머니에게 집에서 어릴 때 먹던 어머니 손맛이 담긴 음식을 먹으니 행복하다고 말해보면 어떨까? 연인에게 당신과 함께 있으면 마음이 편안하다고 말하면 어떨까? 일로 지친 아버지에게 아버지가 고쳐준 장난감이 가장 좋았다고 말하면 어떨까? 피곤해하는 배우자에게 당신 덕분에 우리 아이들이 이웃 사람들과 잘 지내고 있다고 말하면 어떨까? 일상 속에서 기회가 있을 때마다 주변 사람들을 칭찬해보자.

성공적으로 칭찬하려면

두 달 정도는 기뻐할 칭찬을 찾기

미국의 소설가 마크 트웨인은 "좋은 칭찬 한마디로 두 달은 먹고 살 수 있다"고 말했다. 그가 말한 칭찬이란 당연하겠지만 SNS의 '좋아요' 같은 인스턴트 칭찬이 아니라 오랫동안 기분 좋은 진정한 칭찬이다. SNS의 '좋아요'는 말하자면 단순당 같은 나쁜 탄수화물이다. 우리는 사람들이 2초 정도 기분 좋고 말 칭찬이 아니라 두 달 정도는 기뻐할 수 있는 칭찬을 찾아야 한다. 직접 만든 요리와 부엌에서 보내는 시간처럼 말이다.

대가나 보답은 바라지 말고

칭찬은 사람의 마음을 따뜻하게 하고 그 온기를 널리 퍼뜨린다. 다만 칭찬을 하려면 사전작업이 필요하다. 조금 피곤하게 들릴지도 모르지만, 반드시 해야 하는 일이다. 어떤 사람이 특별하고 다른 이들과 구분되는 이유는 무엇일까? 그 사람은 스스로를 어떻게 생각할까? 스스로는 잘 모르는 장점과 매력은 무엇일까? 사무실 분위기가 안 좋거나 계약이 날아갔거나 프린터가 말썽일 때도 당신의 상사는 바위처럼 동요하지 않는가? 배우자가 자신은 기분이 안 좋으면서도 가족들을 생각해 맛있는 간식을 사 왔는가? 당신이 뾰족하게 날이 선 상태일 때, 커피머신 앞에서 마주친 동료 직원의 밝은 분위기 덕에 덩달아 기분이 좋아진 적이 있는가?

〈뉴욕 타임스〉는 도널드 트럼프가 트위터에 쓴 칭찬을 모아 분석한 적이 있다. 예상했겠지만, 도널드 트럼프를 예시로 든 이유는 반면교사로 삼기 위해서다. 2015년 6월부터 2018년 2월까지의 내용을 분석한 바에 따르면 도널드 트럼프는 '위대한great'이라는 단어를 439번 사용했다. 딸인 이방카에게도, 자신의 세제 개혁에도, 앨라배마 주에도, 인디애나 주에 있는 에어컨 제조사에게도 모두 '위대한'이라는 수식어를 붙였다. 이방카, 앨라배마 주, 에어컨 제조사가 무엇을 '위대하게' 해냈는지는 언급하지 않았다. 왜일까?

도널드 트럼프는 대상의 특별함이 아니라 완전히 다른 것을 평가하기 때문이다. 그는 자기 자신과 칭찬을 받을 대상 사이에서 타협점을 찾았다. 물론 앨라배마 주의 주민들이 트럼프의 칭찬에 기뻐했는지 여부는 알 수 없다. 어쨌든 트럼프는 그들의 사정을 고려할 필요가 없다. 트럼프의 칭찬은 일종의 '권력의 과시'이기 때문이다. 트럼프는 세상을 '위대한 것'과 패자로 양분할 권력을 갖고 있는데, 사실 위대한 것과 패자는 동전의 양면과 마찬가지다. 트럼프의 말에 여론을 조직할 의도가 숨어 있는 것은 명백하며, 이런 종류의 칭찬에는 세상을 아름답게 만드는 효과 따위는 없다. 칭찬은 신뢰를 기반으로 한다. 대상의 특별함을 묘사하며, 대가나 보답을 바라지 않는 것이야말로 진정한 칭찬이다.

진심을 다해서

누구도 진담처럼 듣지 않는 속 보이는 칭찬에 좋은 의도가 가려지는 것을 막으려면 뻔한 속셈이나 고자세는 버려야 한다. 불순한 의도를 품고 누군가에게 알랑방귀를 뀌는 것은 상대방으로서는 원치 않는 성적인 수작만큼이나 불쾌한 일이다. 승진에 눈먼 부하직원이나 픽업 아티스트가 아닌 이상 그러지는 말자. 진심에서 우러난 경탄과 칭찬을 해야 한다. 이를테면 "그 파란 코트 정말 예쁘네요, 잘 어울려요"라는 식으로 말이다. 이 원칙은 동등한 입장인 두 사람 사이뿐만 아니라 사장과 부하직원처럼 눈높이가 다른 사람들 사이에도 적용된다. 진심을 다해 칭찬한다면 사장의 입장에서는 '내 말이 권력 과시처럼 보이진 않을까?'라고 걱정할 필요가 없다.

칭찬하기 좋은 주제와 나쁜 주제

가장 중요한 원칙은 맥락에서 벗어난 신체에 대한 언급은 언제 어디서든 절대 해서는 안 된다는 점이다. 물론 예외는 있다. 동료 직원이 키토 다이어트로 큰 효과를 보고 엄청난 체중 감량에 성공해 자랑한다면 "와, 정말 많이 빠졌네요. 좋아 보여요" 정도는 말할 수 있다. 상대방도 바라는 바일 테니 말이다. 헬스장에서 몸이나 근육 등을 주제로 친한 사람들과 대화할 때도 신체에 관해 언급할 수 있다.

이것은 예외 중의 예외다. 아무리 좋은 의도로 말하려고 한다 해도, 앞서 설명한 예외가 아닌 상황에서는 타인의 신체에 관해 입을 열지 않는 편이 좋다. 함부로 남의 신체를 언급했다가 호되게 당할 우려가 있다. 칭찬할 의도로 말했더라도 상대방이 불쾌할 수 있다. 예를 들어 살이 빠진 상대방을 보고 그 점을 칭찬했다고 치자. 그런데 그 상대방이 의도적으로 살을 뺀 것이 아니라 질병 때문에 저절로 살이 빠졌거나, 혹은 유명 가수 아델처럼 건강상의 문제로 꼭 살을 빼야만 했던 경우라면 어떻겠는가. 칭찬의 제1원칙은 건드려서는 안 되는 부분에 대해서는 칭찬해서도 안 된다는 사실이다.

현재의 상황에서 중요한 점을 칭찬하면 된다고 기억하면 칭찬이 쉬울 것이다. 회의를 하고 난 다음이라면 동료 직원에게 "프레젠테이션 멋졌어"라고 말하는 것이 "그 스웨터 예쁜데!"라고 말하는 것보다 상황에 잘 어울린다. 유치원 학부모 모임에서 다른 학부모에게 학예회를 위해 애써주서서 감사하다고 말하면 상대방은 기뻐할 것이다. 캠핑장이라면 고기 굽는 실력을 칭찬하고, 여자 친구들끼리라면 핸드백을 칭찬하면 된다.

칭찬하는 장소도 중요하다

어떻게 무엇을 칭찬할지 생각했다면 한 가지 더, 어디에서 칭찬하는지를 고려해야 한다. 잘못된 주제를 골라 칭찬하는 것과 마찬가지로 잘못된 장소에서 칭찬하는 것도 받는 사람 입장에서는 불쾌하다. 예를 들어 사람들로 꽉 찬 지하철 안이라든가 버스 정류장에서 뜬금없이 칭찬하는 건 다소 어색하다. 또 학교 같은 특정한 공간이 아니라면 상대방이 자신보다 명백하게 나이가 어려 보이거나 나이가 들어 보여도 똑같은 성인으로 대우하는 편이 좋다.

상대방을 기쁘게 하는 말이어야 한다

한 동료 직원이 다른 동료에게 "엉덩이 멋진데!"라고 말했다고 하자. 그 말을 들은 사람은 곧장 "지금 뭐라고 했어요?", "하나도 재미없어요", "요즘 그런 말 하면 큰일 나요" 같은 반응을 보일 것이다. 불쾌한 말을 들으면 곧바로 반박해야 한다. 더구나 지금 예로 든 상황에서는 그 말을 들은 사람의 반응이 반드시 필요하다. 그런데 때때로 우리는 용기가 부족해서, 당황해서 말이 안 나오거나 머릿속이 하얘져서, 혹은 상황을 더 키우고 싶지 않아서 곧장 반응하지 못한다. 곧바로 반응하지 못했다면 며칠 후, 몇 주 후에 반응해도 상관없다. 그 상황이 발생했을 때 재빨리 반박하지 못했더라도 당사자는 나중에 다시 입을 열 권리가 있다.

남을 불쾌하게 한 그 사람이 "웃자고 한 소리인데 왜 그래?"라든가 "너무 개인적으로 받아들이지 마"라는 말로 화를 더 돋울지도 모른다. 하지만 그가 집에 가만히 앉아 상황을 다시 곱씹기를 바라보자. 그는 한편으로 자신의 실수를 인식하고(반드시 그래야 한다) 다시 반복하지 않을 수 있다. 또 불쾌한 말을 들은 사람이 적극적으로 항의하는 모습을 보이면 자신은 물론이고 (인턴 직원처럼) 더 약하고 성희롱 발언을 들어도 반발하기 어려운 사람들을 지킬 수 있다.

그럼에도 언어 공격이 이어진다면 상사에게 보고하는 편이 좋다. 일하는 공간에서는 누구도 그런 말을 들어서는 안 된다는 인식이 이제는 사회의 중심으로 퍼졌다. 그러니 용기를 내라.

당신이 칭찬을 하는 입장이라고 생각해보자. 만약 엉덩이나 완벽한 프레젠테이션, 직접 만든 빵에 대한 칭찬을 상대방이 바라고 있었다면, "고마워요. 정말 기쁘네요"라는 반응이 돌아올 것이다. 남을 기쁘게 하는 것, 그게 바로 칭찬의 본질이다.

2장

친구 사이에
지켜야 할 예의

친구 사이는 효율적이거나 심오하고 가치 있는 대화를
해야 한다는 압박이나, 상호 간에 마음에 들어야만 한다는
부담이나, 생일을 기억해야 한다는 스트레스나, 비싸고
좋은 선물로 이루어지는 것이 아니다. 우정은 시간, 유대감,
서로를 생각하는 마음, 짧은 전화 한 통, 함께 빈둥거리며
보내는 일요일, 그리고 타인을 내 삶과 영혼 속으로
받아들인다는 마음으로 만들어진다.

친구가 있어야 더 오래, 더 건강하게, 무엇보다도 더 행복하게 살 수 있다. 두터운 인간관계는 브로콜리나 산책만큼 건강에 좋다. 아무런 약속도 없이, 만날 사람도 없이 우울한 일요일의 진창 속에 빠져 있는 나를 구해줄 사람은 친구뿐이다.

데일 카네기가 쓴 《인간관계론》은 1936년 출간된 이후 3,000만 부 이상 팔린 베스트셀러다. 이 책은 계란프라이 조리법만큼이나 간단한 인간관계 조언을 담고 있다. 미소 지은 얼굴로 경청하고, 비판하지 말고, 상대방에게 공감하는 것이 중요하다. 여기까진 좋다. 사실 친구를 사귀고 친구 관계를 유지하는 건 그다지 어려운 일이 아니다. 그러나 우리의 친구 관계를 망치려고 잠복하고 있는 적들이 있다. 바로 질투, 섹스, 돈, 바쁜 스케줄이다. 어떤 친구 관계가 유지할 가치가 있는 진짜 관계이고, 어떤 친구 관계가 내 에너지를 빼앗기만 하는 나쁜 관계일까? 또 어떤 친구가 진짜 친구일까?

편하게 입는 익숙한 티셔츠 같은 존재

친구는 우리가 세상에 태어나 처음 자발적으로 선택하는 인간관계다. 아주 어린 시절에는 부모의 친분에 따라 놀이 상대가 정해지니 완전히 자발적이라고 보기는 어려울지도 모르겠다. 어쨌든 유치원에서부터 우리는 누가 나와 교감하는 놀이 상대인지, 누가 부모의 친분에 따라 함께 등하교하는 친구인지를 구분한다. 가정 내에는 부모와 형제 관계에 따른 서열이 있지만, 친구와는 동등한 관계를 구축한다.

그렇게 우리는 앞으로의 삶을 위한 사회적 기술을 연습한다. 친구를 어떻게 사귀고 우정을 어떻게 유지하는지를 배우고, 왜 저 친구는 나보다 바비 인형이 많은지 등 나와 친구를 비교하는 법도 깨우친다. 놀이터에서 항상 같이 놀던 친구와 나는 늘 붙어 다니는 단짝이었다. 머리카락 길이도, 신는 신발도, 덩치도 비슷했다. 그런데 나는 네 살 때 이미 두 가지 교훈을 배웠다.

하나는 내가 가진 것을 친구가 가지지 못했을 때 싸움이 벌어진다는 것이다. 예를 들어 내 키가 친구보다 2센티미터 정도 커지면 친구 사이가 소원해진다. 그러다가 다시 키를 쟀을 때 우리 키가 똑같아지면 사이는 다시 좋아진다. 친구 관계에서 질투는 독이다.

두 번째로 배운 것은 내 친구가 다른 아이와 즐겁게 노는 걸로 모자라 둘이 편을 먹고 나에게 비비탄 총을 쏘아 댔을 때 느낀 질투와 배신감의 쓴맛이었다. 35년도 더 지난 일이지만, 아직도 그때의 속상함은 물론이고 우리가 몇 시간 동안 레고를 갖고 마당에서 놀았던 기억, 친구가 저녁을 먹으러 집으로 돌아가야 했을 때 방문 앞에 책을 쌓아 비밀기지를 만들었던 기억, 우리 집이 이사해서 슬펐던 기억이 남아 있다.

아이들이 머리 모양이든, 부모든, 놀이 습관이든 어떤

면에서도 전혀 맞지 않는 친구와 함께 노는 것 또한 앞으로의 사회성을 생각하면 긍정적인 일이다. 타인과 관계를 맺으며 사회성을 형성하고 조절하려면 마찰과 갈등이 필요하다. 낯선 생태계에 들어가 이리저리 부딪히며 고생하다 보면 면역력이 강해지는 것처럼 말이다. 그렇게 강해진 면역력을 갖추고 우리는 언젠가는 부모로부터 독립한다.

친구만큼 나에 대해 많이 아는 사람은 없다. 어린아이, 10대 청소년, 그리고 성인 여성이 된 나를 경험한 내 친구는 어린 시절 내 침대 머리맡에 어떤 포스터가 붙어 있었는지, 내 첫사랑이 얼마나 괴로웠는지 속속들이 알고 있다. 지금은 가장 오랜 친구와는 그리 친하지 않거나 그 친구를 좋아하지 않을지도 모른다. 하지만 우리가 처음 만났던 순간의 우정은 마치 깨어 있을 때든 잘 때든 편하게 입을 수 있는 익숙한 티셔츠 같았을 것이다. 입고 있을 때 가장 안정되고, 내가 왜 그 옷을 입고 있는지 설명할 필요 없는 편안한 티셔츠 말이다.

한쪽은 도시로 떠나고, 한쪽은 고향에 남아서 나중에 만나 이야기할 때 한쪽은 고향의 축제 모습을, 한쪽은 대도시에서 갔던 비건 레스토랑을 추억할 수 있다면 더할 나

위 없이 좋다. 우정은 우리가 어디에서 왔는지, 내가 속해 있던 곳이 어디인지를 상기시킨다. 어렸을 때는 항상 같은 공간에서 비슷한 일들을 하느라 친구가 되었던 사람들이 나중에 성인이 되면 직업이나 지지 정당, 옷 입는 스타일, 삶의 계획을 선택하는 방식이 얼마나 다른지를 알 수 있다.

친구가 되는 방법

우리는 늘 애정이나 사랑을 한눈에 알아챌 수 있다. 자신의 실제 삶에서뿐만 아니라 로맨틱 코미디 영화에서도 마찬가지다. 여기에는 숨겨진 메커니즘이 있다. 과학자들에 따르면 생화학, 개인 인생사와 관련된 기억, 빠르게 돌아가는 뇌, 정보를 신속하게 처리하는 편도체 등이 마법처럼 맞물리면서 발생하는 일이다. 강렬한 감정에 과학적인 근거가 뒷받침되는 것이다. 우리는 첫눈에 반했을 때 사랑에 빠졌다고 말한다. 마찬가지로 좋은 친구가 될 수 있을 것 같은 사람을 만나면 첫눈에 '우정에 빠질' 수 있다.

나는 아직도 학교 입학식 날 우정에 빠진 순간을 기억

한다. 그 아이는 주름치마에 하얀 양말을 신고 반듯하게 가르마를 탄 머리에 머리핀을 하고 있었다. 당시 나는 여성스러움의 상징과도 같던 그 아이가 나의 부족한 부분을 채워줄 본보기이자 가장 친한 친구가 될 것이라고 믿어 의심치 않았다.

"내가 제일 아끼는 인형을 빌려줄게. 너니까 빌려주는 거야."

이렇게 몇 달 동안 제물을 바친 후에 우리는 친구가 되었다.

오늘날 사람들은 파티나 학부모 모임, 회의 장소에서 새로운 친구를 만난다. 그런데 사랑과 마찬가지로 우정에도 일방적이고 비대칭적인 면이 있다. 둘이서 대화를 나누며 오랜 시간을 보낸 후에, 한 사람은 새로운 친구를 사귀었다는 즐거움과 신남을 주체하지 못하는 반면 다른 한 사람은 낯선 사람에게 그렇게 많은 얘기를 할 필요는 없었다며 자책할 수도 있다.

다른 사람에게 자신의 모든 면을, 심지어는 성적 취향까지 이야기하는 것은 약점을 드러내는 행동이며, 이런 행동은 깊은 인간관계를 구축하는 데 도움이 되지 않는다. 애인을 사귈 때와 마찬가지로, 친구를 사귈 때도 공통의 의식, 신뢰, 서로에 대한 몰입, 인내, 공감이 필요하다. 이런 요소가 없다면 친구가 되지 못하고 지인으로 남을 뿐이다. 어떤 사람과는 평생 이어질 우정을 쌓고, 어떤 사람과는 그냥 페이스북 친구 목록을 채워주는 사이가 된다.

1만 시간의 법칙이라는 것이 있다. 어떤 악기를 완벽하게 다루고 싶거나 외국어를 원어민 수준으로 하고 싶다면 1만 시간을 투자해야 한다는 뜻이다. 우정도 마찬가지다. 계속해서 교류하고 서로를 알아가야 신뢰를 쌓고 가까워질 수 있다. 물론 너무 많은 시간을 투자할 가치가 없는 관계도 있지만, 어떤 관계든 120시간 정도는 투자해야 좋은지 나쁜지를 알 수 있다.

가장 친하면서 적인 관계?

우리 사회는 경쟁이 있어야 살아 움직인다. 친구 관계도 마찬가지다.

'걔가 하는 거? 난 이미 옛날부터 할 수 있던 거야.'

'우리 집 주차장이 개네 주차장보다 넓어.'

그러다가 때때로 매력과 단점이 비슷한 수준으로 공존하는 '최종 보스'를 만난다. 아마 반마다 그런 친구들이 있었을 것이다. 외모까지 쏙 빼닮아서는 항상 모든 것을 공유하고 모든 일을 같이 하면서도 가끔씩 싸웠는지 며칠 동안서로 말 한마디 안 나누는 단짝 친구들. 열렬하게 사랑하는 연인처럼 이 친구들도 함께 있으면 안 되면서 동시에 서로가 없으면 안 된다.

과거에 가장 친한 친구였던 사람들만큼 서로를 싫어하고 증오하는 사람은 없으며, 동시에 서로를 그리워하는 사람도 없다. 패리스 힐튼과 킴 카다시안이 아마 가장 유명한 사례일 것이다. 패리스 힐튼이 젊은 여성들의 아이콘이자 슈팅스타였던 시절, 어릴 때부터 친구였던 킴 카다시안은 힐튼의 비서로서 함께 〈심플 라이프〉라는 리얼리티 프로그램에 출연했다. 20년이 지난 지금 힐튼은 더 이상 트렌드 세터가 아니지만, 카다시안은 리얼리티 TV 쇼의 여왕일 뿐만 아니라 자신만의 분야를 창조해냈고 그 결과 카다시안 가족 모두가 엄청난 부자가 되었다.

두 친구의 위치가 바뀌는 건 현실에도 존재하는 일

이다. 학창 시절 눈에 잘 안 띄던 괴짜 학생이 IT 기업의 CEO가 되기도 하고, 어떤 학생은 부모님 집에 틀어박혀 밖에 나오지 않는 사회 부적응자가 되기도 한다. 그렇다면 친구에게 행운이 따랐을 때, 친구가 더 좋은 직업, 더 자상한 남편, 더 매끄러운 피부를 가졌을 때 어떻게 반응해야 할까(친구가 운에다가 재능과 성실함까지 겸비했다면 상황은 더 나쁘다)?

행운은 변덕스러운 것이다. 곁에서 보면 타인의 삶은 항상 나의 삶보다 아름다워 보인다. 그러니 SNS에 올라온 사진이나 글에서 항상 50퍼센트 정도의 행운을 제하는 관점의 전환이 필요하다. 완벽해 보이는 친구도 저녁에는 피곤하고 지친 상태일 테고, 나처럼 스스로에게 회의적일 수 있다. 만약 그렇지 않다면, 그냥 친구의 행복을 빌어주면 된다.

아무리 마음을 다잡아도 친구에 대한 질투를 잠재울 수 없다면 내 정신건강을 위해 거리를 두도록 하자. 질투는 개인의 기분과 심리에도, 우정에도 좋지 않다. 다른 사람이 잘못되길 빌거나 스스로가 질투와 시기에 잠식되기 전에 그 감정과 멀어지도록 하자. 더구나 당신은 이제 10대 청소년이 아니라 성인이다. 성인으로서 우리는 같이 있을 때 불행한 관계보다는 각자 살아갈 때 행복한 관계가 더 낫다는 걸 알고 있다.

나를 실망시킨 친구에 대한 세 가지 선택

캐나다의 컨트리 가수 샤니아 트웨인은 가장 친한 친구와 남편이 바람을 피워 14년간의 결혼 생활을 마쳤다. 트웨인은 결국 첫 번째 남편은 물론 가장 친한 친구와도 멀어졌다. 과연 누가 누구를 배신했는지는 정확히 알 수 없다. 남편과 친한 친구의 바람이라니. 배신이라는 단어만으로는 설명하기 힘든 사건이지만(그렇다고 흔치 않은 사건도 아니다. 누구나 이런 사건을 직접 목격했거나 건너들은 이야기로 알고 있을 것이다) 어쨌든 친구들도 서로를 배신할 수 있다.

친구들끼리 밤새 놀기로 하고 모여 어둠 속에서 수다를 떨던 중 갑자기 충격적인 비밀이 툭 까발려진다. 그 이후 친구들 사이에 은근한 따돌림이 발생한다. 이런 일을 당하면 마치 실연을 당한 것만큼 마음이 아플 것이다. 어쩌면 실연보다 더 아플지도 모른다. 사랑이야 언제든 배신이 일어날 수 있지만 우정은 영원하자는 신뢰를 바탕으로 하기 때문이다. 어디서부터 배신이 시작됐을까? 벌써 아홉 번이나 똑같이 반복된 지루한 한탄을 열 번째 듣기는 싫지만 솔직하게 말할 수 없어 슬쩍 둘러댄 거짓말에서 시작된 것일까? 이리저리 전해진 비밀이 어느새 당사자에게는 전혀 재미있지 않고 고통스럽기만 하지만 남들에게는 웃긴 일화처럼 되어버렸을까? 혹은 다단계에서, 유혹에 넘어간 남편에게서, 도둑맞은 보석에서 배신이 시작되었을까?

친구이자 적인 프레너미frienemy와의 사이에서 벌어지는 사건과 드라마는 서른 살 이전까지만 유효하다. 서른이 넘으면 사람은 친구에 대해 잘 알게 되고, 친구의 능력과 단점을 파악해 그들이 소설에나 나올 법한 이상적인 친구는 아니라는 사실을 깨우친다.

우리에게는 세 가지 선택지가 있다. 만약 어떤 친구 때문에 나에게 발생한 피해나 내가 느낀 실망감이 크다면(예를 들어 남편을 빼앗겼거나 재물을 도둑맞았다면) 곧바로 뒤도 돌아보지 말고 관계를 끝내면 된다. 만약 친구가 늘 똑같고 절대 변하지 않는 사람이라면 애써 싸우거나 토론할 필요

없이, 그 친구는 앞으로도 바뀌지 않고 그대로일 것이라는 점을 받아들여야 한다. 친구 사이에 발생한 문제 때문에 관계가 얼어붙고 더 이상 서로 아무것도 나누고 싶지 않다면 연락을 끊자.

두 번째 선택지는 서로 친구가 된 데는 이유가 있다고 생각하고 포용하는 것이다. 둘 중 한 사람이 우정이 충분치 않고 서로가 맞지 않는다고 느낀다고 해서 다른 한쪽에만 온전히 책임을 전가할 수는 없다. 어쩌면 그 친구야말로 지금 나에게 벌어진 일을 이해해줄 유일한 사람이라고 새삼 깨닫는 순간이 올지도 모른다. 그런 순간이 오지 않더라도, 적어도 두 사람은 괴로워하지 말고 함께 보낸 시간의 아름다운 면만 생각할 수 있다.

가장 어려운 세 번째 선택지는 갈등을 푸는 일이다. 친구의 성격이 아니라 작은 트러블, 실언, 저녁 식사 초대 거절 등이 문제인 경우가 많기 때문이다. 사소한 일 때문에 중요한 친구까지 잃어서는 안 된다. 순간 끓어오르는 분노를 참고, 당신이 사과할 일이라면 사과하도록 하자.

돈과 우정 사이에서

돈이 친구 사이를 망친다는 말이 있다. 하지만 조금 달리 말할 수도 있다. 돈이 있어야 진정한 우정이 시작된다. '빌려주기'에 관한 엄마만의 철칙이 있었다. 엄마는 내가 친구에게 빌려줘도 되는 것은 바비 인형의 옷 정도라고 말했다. 상대방에게 그냥 줄 수 있다고 생각하는 것이 아니면 빌려주지도 말라는 뜻이었다. 그렇다고 빌려주는 것에 너무 인색할 필요는 없지만, 적어도 돈에 관해서는 옳은 철칙이다. 빌려주고서 금방 잊어버릴 수 있을 정도의 적은 금액이라면 통 크게 베풀 수 있다.

어쩌면 음식점이나 술집에서 센트 단위까지 정확하게 나눠서 계산하는 우리 독일인들만 그런 것인지도 모르겠다. 터키 사람들은 정확하게 나눠서 계산하는 방식을 '독일식 계산'이라고 부른다. 어쨌든 소유에 대한 집착을 버려야 한다고 누구나 생각하지만, 친구가 자신이 가장 좋아하는 재킷을 빌려가 분실했다거나, 아끼는 책을 망쳐서 속이 상한 사람, 혹은 계속해서 빌붙으려는 친구 때문에 괴롭다는 사람을 우리는 적어도 한 명 이상 알고 있다.

이때 정말 중요한 것은 돈이나 물건이 아니라 "내가 중요하다고 생각하는 걸 존중하긴 하는 거야?"라는 근본적인 의문이다. 혹은 "내가 널 소중하게 여기는 만큼 너도 날 생각하긴 해?"라는 의문일 수도 있다. 이런 갈등이 발생하면 친구가 소중하기 때문에 모든 것을 잊고 갈등을 해결할 수 있는지 아니면 친구가 내 물건을 잃어버린 사실이 계속해서 떠오를 것인지 신중히 생각해야 한다. 어떤 선택지를 고르든 괜찮다. 갈등의 원인이 아주 적은 금액의 돈이 아니라면.

친구 사이에 아주 큰 금액이 오가야 한다면, '필요할 때 곁에 있어주는 친구가 진짜 친구다'라는 말을 생각해야 한다. 돈은 결국 수단이자 자원일 뿐이고, 당신이 돈이 더 많은 쪽이라고 해서 결과적으로 친구가 당신이 필요로 하는 다른 수단(사랑, 인내, 요리 실력, 직업 관련 인맥, 물건 등)을 더 많이 갖고 있지 않다고는 장담할 수 없다. 즉 균형만 맞는다면, 한 친구가 다른 친구를 위해 돈을 더 많이 쓸 수 있다. 그러나 그렇게 쓴 돈의 총합이 감당할 수 있는 수준을 넘어선다면 명확하고 정당하고 합법적인 해결책을 찾는 편이 좋다. 그러면 친구 사이에 더 큰 돈이 오가도 아무런 문제가 발생하지 않는다. 당신의 친구가 돈 관리에는 젬병이라 늘 돈이 없다고 하면서도 만나서 식사할 때는 가장 비싼 메뉴만 골라 시킨다면, 앞으로 나아질 가망이 없는 사람에게 계속해서 돈을 쓸 필요는 없다.

사랑과 우정 사이에서

2011년 〈프렌즈 위드 베네핏 Friends With Benefits〉이라는 영화가 개봉한 이후, '프렌즈 위드 베네핏'이라는 개념이 널리 퍼졌다. 이것은 연인 미만 친구 이상인 사이, 즉 성관계는 갖지만 사귀지는 않는 사이를 말한다. 이미 1980년대에 〈해리가 샐리를 만났을 때 When Harry Met Sally〉라는 영화에서 해리와 샐리는 과연 남자와 여자가 애초에 친구가 될 수 있는지 고민해야 했다. 남자와 여자가 만나면 섹스를 빼놓을 수 없기 때문이다. 남자와 여자가 친구가 될 수 있냐고? 오늘날의 답변은 이렇다. 둘 다 하면 되지! 같이 영화 보고, 놀러가고, 고민을 나누고, 같이 자거나 자지 않을 수 있다. 두 사람의 사이를 무엇으로 정의해야 할지를 따질 때 가장 복잡한 상황은, 한 사람은 상대방을 사랑하는데 다른 사람은 그렇지 않은 경우다.

그럴 때는 어떻게 해야 할까? 두 사람의 첫 시작이 우정이었는지 아니면 섹스였는지에 따라 결정하면 된다. 플라토닉 관계가 성적인 관계로 바뀌기보다 침대에서 먼저 시작된 사이에서 섹스를 배제하기가 더 어렵다. 나는 무엇을 기대하고, 무엇을 현실로 만들 수 있는가? 나는 이 우정을 두고 모험을 하고 싶은가? 두 사람 사이의 스킨십 수준이 여러 차례 달라지거나 둘 중 한 사람이 잠시 거리를 두었다가 돌아오더라도 진정한 우정은 멀어지지 않는다.

그나저나 우리는 왜 사랑과 우정을 엄격하게 구분하는 걸까? 요즘에는 친구 사이가 오히려 부부 사이보다 훨씬 단단하고 오래가지 않던가? 왜 우리는 친구들에게 자주 사랑한다고 말하거나 친구를 안아주지 않는가? 우리 인생에서 가장 큰 사랑은 어쩌면 가장 친한 친구인지도 모른다. 가장 친한 친구는 나와 내 주변에 대해 가장 많은 것을 알고 있다. 친구와는 자녀의 양육에 관해, 혹은 돈에 관해 이야기할 필요가 없다. 즉 친구에 대한 기대는 배우자에 대한 기대보다 훨씬 낮다. 다음에 친구를 만날 때는 친구에게 너를 만나 얼마나 행복한지 말해주고 친구를 꼭 안아주도록 하자. 이런 스킨십은 연인 사이에서만 아름다운 것이 아니다.

동료, 지인 혹은 친구?

공감에도 등급이 있다. 그리고 그 등급과 애정 정도에 따라 우리는 관계에 이름을 붙인다. 직장 동료, 동기, 지인, 페이스북 친구, 가장 친한 친구, 영원한 친구 등등. 하지만 이 분류는 경직된 것이 아니어서 애정의 정도가 바뀌면 관계의 이름도 바뀐다. 과거의 가장 친한 친구가 페이스북 친구가 될 수도 있고, 직장 동료가 가장 친한 친구가 될 수도 있다.

우리는 직장 동료와 하루 중 가장 오랜 시간을 함께 보낸다. 일주일에 40~50시간을 함께 보내는 건 웬만한 부부나 가족끼리도 하기 힘든 일이다. 심지어 부부 중 15퍼센트는 직장생활을 하며 알게 됐다고 한다. 단, 가장 중요한 철칙이 있다. 일은 일이고 사생활은 사생활이다. 많은 사람들이 직장 동료를 좋은 친구라고 말한다. 직장만큼 다른 사람과 친해지고, 여러 가지 다양한 일을 함께 겪고, 서로를 다독이며 감정적으로 의존하는 곳은 없다. 그런데 직장에서의 우정이 그리 좋지 못한 평가를 받는 이유는 무엇일까?

사이가 돈독하던 직장 동료 두 명 중 한 명은 승진에 성공했는데 다른 한 명은 실패한 경우, 이후 어떤 갈등이 생길지는 불 보듯 뻔하다. 또 직업적인 선택 때문에 우정에 금이 가는 경우도 있다. 반대로 친한 사람들끼리 작업을 하면 일이 날개 돋친 듯 해결되고 그 영역 또한 넓어질 수도 있다. 회사에서 일하면서 겪은 고충을 상담하거나 같이 점심을 먹으러 갈 사람이 없으면 일하는 재미도 뚝 떨어질 것이다. 친구냐 일이냐 하는 질문에 답할 준비가 되어 있다면 직장에서 친구를 사귀거나 동료와 깊은 유대감을 형성하는 편이 좋다는 사람이 많은 이유를 알 수 있다.

우리 주변에는 앞서 언급한 인간관계의 종류에 속하지 않는 사람들도 있다. 왜 항상 모두를 분류하고 평가해야 하는가? 친절함이 필요한 순간에 친절하게 행동하기, 서로를 돕고 정보를 나누기, 스쳐 지나가는 순간에 미소 짓기와 같은 작은 행동들이 우리의 일상을 조금 더 견디기 쉬운 것으로 만든다. 누가 나에게, 혹은 내가 누구에게 친절을 베푸는지는 상관없다. 사실 인간관계의 종류가 경직되어 있을 수록 새로운 친구를 사귈 기회와 가능성은 줄어든다. '가장 친한 친구'라는 명칭을 유지하려면 계속해서 가장 친한 친구처럼 엄청난 노력을 기울여야 한다. 가장 친한 친구가 두 명 이상이라면 부담을 나눌 수 있다. 하지만 애정을 나누기는 어렵다.

페이스북 친구, 우리는 과연 친구일까?

옥스퍼드 대학교 교수이자 문화인류학자인 로빈 던바는 1990년에 '뒷담화'가 동물이 털을 고르는 행위와 비슷하고 우리가 일상에서 나누는 대화의 60퍼센트를 차지한다는 연구 결과를 내놓았다. 던바는 우리가 얼마나 많은 사람들과 사회적인 연결망을 만들 수 있는지 정의했다. 그 숫자는 150인데, 이를 '던바의 수'라고 한다. 첫눈에는 매우 큰 숫자로 보인다. 하지만 가족과 친척, 직장 동료, 매일 보는 사람들을 제외하면 사실 지인과 친구의 수는 그리 많지 않다. 그리고 던바의 법칙에서처럼 실제로 친구가 열다섯 명 이상인 사람은 드물다. 나쁜 일을 겪었을 때 울면서 전화할 수 있는 친구는 고작해야 두 명 정도일 것이다.

던바의 수는 페이스북에도 해당한다. 나를 예로 들자면, 페이스북에서 친구라고 부를 수 있는 연락처는 200~300개 정도이고, 사적인 관계와 공적인 관계인 사람들까지 모두 합하면 1,000개가 넘는다. 이런 연결망에는 어떤 가치가 있을까?

SNS 친구 중에는 만약 길에서 실제로 만났을 경우 목인사만 하고 지나갈 정도인 사람도 있고, 내 삶을 나눌 수 있는 사람도 있다. SNS가 어떻게 작동하는지 누구도 제대로 알지 못했던 시대, 게시판에 직접 쪽지를 붙여 다툼부터 사랑까지 모든 이야기를 나누던 시대를 지나 이제 우리는 피상적인 친구 관계를 맺는 시대에 살고 있다. 휴가 사진, 음식 사진, 격식 있는 기사나 논문, 스스로에 대해 광고할 내용 등 우리가 SNS에서 나누는 내용은 열다섯 명의 친한 친구들을 향한 것이 아니라 나머지 250명의 피상적 친구들을 향한 것이다.

마찬가지로 우리가 페이스북이나 인스타그램 같은 SNS에서 보는 친구나 지인의 모습은 어느 정도 피상적이다. 그렇다면 SNS에서 우리가 얼마나 서로 연결되어 있는지 잘 알 수 있다. 우리는 거의 연결되지 않는다. SNS에서 우리는 서로에 관해 운동을 얼마나 했는지, 좋아하는 레스토랑이 어디인지 등 많은 것을 알 수 있다. 하지만 현재 겪고 있는 어려움이 무엇인지, 무슨 생각을 하고, 무엇을 바라고 있는지는 모른다.

인스타그램이나 페이스북, 왓츠앱 같은 SNS의 메시지는 과거의 엽서와 비슷하다. 짧은 인사와 여러 이야기를 할 수 있지만, SNS를 통해 나누는 대화는 친밀하지 않다. 한편으로 십수 년 전에 해외여행을 가서 만난 외국인 친구를 지금 다시 찾기란 과거에 비해 아주 간단하다. 예전에는 알고 있는 주소로 편지를 보내 소식이 오길 기다려야 했다면, 지금은 인터넷으로 쉽게 사람을 찾을 수 있다. 즉 우정을 관리하기가 더 쉬워졌다. 금방 메시지를 주고받을 수 있고, 금방 SNS 게시물을 공유하거나 '좋아요'를 누를 수 있다. 피상적인 관계는 언제든 깊어질 수 있다. 연결이 끊기지만 않는다면, 우리는 20년 전에 비해 확연히 빠른 속도로 상대방을 다시 찾을 수 있다. 주소록 수첩을 잃어버린다고 해서 우정이 무너지는 일은 없다.

데일 카네기가 말한 친구 사이의 근본적인 규칙은 다음과 같다.

"비난, 비평, 불평을 하지 마라."

즉 친구를 비판하거나 판단하지 말고, 친구에게 불만을 털어놓지 말라는 것이다. 마치 1950년대 주부들이 지켜야 했던 규칙처럼 들린다. 친구와의 우정을 지키기 위해 항상 입에 발린 고운 말만 하며 평온한 관계를 유지해야 하는 걸까? 친구란 다른 사람과는 공유하지 못할 말을 서로 하기 위해 있는 존재가 아닌가?

친구 관계는 애정과 신뢰, 받아들여진다는 안정감, 모든 것이 순조롭게 흘러간다는 생각으로 만들어진다. 얼마나 긍정적으로 포장하고 얼마나 애정을 들이든 비판은 불편하다.

그리고 비판과 불만은 대개 작은 것에서 시작된다. 얼마 전까지만 해도 여자 친구들은 서로 몸무게를 5킬로그램만 빼면 더 예쁘겠다거나, 다른 옷을 입는 게 낫겠다거나, 2년 전에 했던 머리 스타일이 낫다거나, 다른 남자친구를 만나보라거나, 소리를 낮춰 웃는 게 더 좋겠다고 말할 수 있었다.

가장 친한 친구는 마치 엄마 같은 존재다. 하지만 요즘은 아무리 친한 친구라 할지라도 서로의 외모를 계속해서 지적하지 않는다. 대신 칭찬하는 경우가 많다. 짧은 치마를 입고 행복해하는 친구에게 치마가 너무 짧다고 지적해서 좋을 건 없다. 허벅지가 굵으면 짧은 바지나 치마를 입어선 안 된다는 사회적인 압박을 친구 사이에까지 끌어와야 할까? 누군가가 규칙에 순응하는 것을 눈감아주거나 다수의 횡포를 피하는 모습을 보인다면 우리는 그것만으로도 그 사람을 좋아할 수 있다. 오늘날 가장 이상적인 관계는 점점 비폭력적이고 서로를 격려하는 방향으로 향하고 있다. 거의 모든 관계가 서로에 대한 지지, 사랑, 성장, '좋아요' 버튼에 대한 희망으로 이루어진다.

그럼에도 때때로 친구가 틀리거나, 스스로를 잃어버리거나, 잘못된 행동을 할 수 있다. 그럴 때 '나는 내 친구가 어떤 행동을 하든 친구를 무조건 지지할 거야'라고 생각하는 것 역시 잘못된 것이다. 립스틱 색깔에 대해 시시껄렁한 농담을 나눌 정도로 친밀하고 신뢰가 깊은 사이라면 친구가 잘못했을 때야말로 그 친밀함과 신뢰를 바탕으로 바로 잡기에 나서야 한다. 결과는 좋을 수도 있고, 나쁠 수도 있다. 만약 상대방이 조언을 바랐다면, 당신의 말이 적절한 충고일 수 있다. 친구가 스스로도 도움을 바라는지 잘 모르는 것 같을 때도 있다. 어쨌든 모든 것을 잘 포장해 입에 발린 말만 하기보다는 솔직해져야 한다.

우리는 친구에 대해 잘 알고 있다. 친구가 무엇을 좋아하고 무엇을 고통스럽게 여기는지 이미 몇 년 동안 경험한 바 있다. 그러므로 우리는 친구로서 다른 누구도 할 수 없고 해서는 안 되는 이야기를 할 수 있다. 친구가 자기 자신을 잃어버린 것 같을 때, 오랜 벗을 그리워할 때, 슬퍼 보일 때 무엇을 도와줄지 물어볼 수 있다. 친구가 인간관계를 망치는 행동을 할 때 그런 짓은 그만두라고 말할 수 있다. 내가 뭔가 잘못하고 있을 때 친구는 이미 그걸 알고 있지만 말을 꺼내지 못하고 있을 가능성이 높다. 반대로 친구가 아직 나의 조언을 받아들이지 못할 것 같다면 조금 더 기다려주자.

우정을 만들고 유지하는 것들

　시간이 그리 귀중한 자산이 아니었을 시절, 나는 하루 종일, 저녁나절 내내, 일주일 내내 친구와 함께 보냈다. 4시간 동안 통화하고, 수다 떨고, 다음 날 그 일을 똑같이 반복했다. 그때는 정도를 몰랐다. 숙제도, 부모님도, 수면 부족도 전혀 신경 쓰지 않고 친구와 머리카락을 어떻게 자를지, 미래에 아이는 몇 명을 낳을지, 좋아하는 사람은 누구인지, 정치에 대한 생각은 어떤지 이야기했다. 어떤 때는 아무 말 없이 같이 잡지를 보기도 했다. 지금은 대부분의 친구들과 만나기가 어려워졌다. 아이도 돌봐야 하고, 일도 해야 하고, 짬을 내 요가나 봉사활동도 해야 하고 드라마도 봐야 한다. 앞으로 2시간 안에 끝마쳐야 할 일이 수없이 많아서 과거의 인연을 떠올리려 해도 스트레스만 가중된다.

　우리는 왜 예전에 화장실에, 대학에, 파티에, 아침식사 자리에 같이 있었던 친구와 함께 장을 보러, 요리하러, 아이들을 재우러 가지 않는 걸까? 우리는 왜 친구의 생활 방식이 나와 완전히 다르다고 해서 친구가 나를 전혀 이해하지 못할 거라고 생각할까? 애초에 왜 누군가가 나의 모든 것을 이해해줘야 할까? 집에 누군가가 찾아왔을 때 왜 문을 열기 전에 집부터 치우고 머리부터 빗어야 할까?

친구 사이는 효율적이거나 심오하고 가치 있는 대화를 해야 한다는 압박이나, 상호 간에 마음에 들어야만 한다는 부담이나, 생일을 기억해야 한다는 스트레스나, 비싸고 좋은 선물로 이루어지는 것이 아니다. 우정은 시간, 유대감, 서로를 생각하는 마음, 짧은 전화 한 통, 함께 빈둥거리며 보내는 일요일, 그리고 타인을 내 삶과 영혼 속으로 받아들인다는 마음으로 만들어진다. 시간과 해야만 하는 일과를 잊어버리고, 친구와 함께 정돈되지 않은 부엌 혹은 마당에서 편안하게 수다를 떨거나 아이들과 놀아주거나 시원한 음료를 마시며 햇볕을 쬔다면, 우리는 서로 깊이 연결되는 마법 같은 순간을 경험할 것이다.

3장

부모로서
지켜야 할 예의

작은 행복의 순간을 위해 필요한 것은 아무리 혼란스러운
상황이 벌어져도 유머러스하게 넘길 수 있는 힘,
모르는 것을 배우고 스스로를 의심하는 용기,
아이의 별난 행동과 자신의 어리석은 행동을 인정하는
용기다. 사랑이란 다른 사람의 좋은 점만을 좋아하는 것이
아니라 나쁜 점도 감내하는 것이라고 아이에게 가르쳐주는
사람은 이미 아이가 성인으로 다가가는 길을 조금씩
발맞춰 걸어주고 있는 셈이다.

내가 엄마라는 신분으로 살며 겪은 가장 최악의 사건은 한 아울렛에서 발생했다. 나와 남편은 새 학기 시작 전에 아이들의 신발과 옷을 사려 했고, 아이들은 쇼핑에 따라가고 싶어 하지 않았다. 이미 아울렛으로 향하는 자동차 안에서부터 아이들이 투덜거렸지만 어쨌든 우리는 출발했다. 얼마 후 아울렛에서 극심한 저항이 발생했다. 아이들은 성난 황소처럼 미친 듯이 쇼핑몰 내부를 들쑤시며 돌아다녔고 나는 지금까지도 왜 경비원이 물대포를 쏘며 우리를 밖으로 내쫓지 않았는지 의문이다.

오빠가 여동생을 괴롭히자 여동생은 소리를 질러댔고 나는 두 아이를 모두 무시하며 계속해서 싸우는 둘을 아디

다스 매장으로 밀어 넣었다. 매장에서 나올 때는 딸이 갑자기 대리석 바닥에 몸을 던져 드러누운 다음 악령에라도 쓰인 듯 악을 지르며 지금 당장 여기에 오줌을 쌀 거라고 소리쳤다. 나는 아이들을 끌고 서둘러 주차장으로 갔고, 딸은 굳이 맨홀에다 오줌을 싸겠다고 고집을 부렸다(부모들에게 한 가지 조언하자면, 절대 단단한 바닥에 아이가 소변을 보지 못하게 하라).

다행히 나는 최악의 상황은 면할 수 있었다. 딸이 울고 소리 지르는 동안 아이의 작은 몸은 분노로 덜덜 떨렸다. 잠시 생각해보니 오히려 그게 나았다. 만약 우리가 뮌헨에 있는 집에 있었다면 우리 엄마, 시누이, 다른 이웃들, 가까이 사는 직장 동료 등이 이 꼴을 목격했을 것이 아닌가. 그랬다면 그 사람들이 나에게 뭐라고 했을까?

아이들의 할머니인 우리 엄마에 따르면 아이가 이렇게 폭발하는 이유는 내가 논리정연하지 못해서일 것이다. 우리 시누이가 이 모습을 봤다면 내가 일 욕심이 많아서 이런 문제가 생기는 거라고 말했을 것이다. 친한 친구였다면 내가 아이들을 잘 돌보지 못해서 그런 것 같다고 말했을 테고, 아동교육 전문가라면 무표정한 얼굴로 가족 상담을 받아야 할 것 같다고 말했을 것이다. 덴마크의 작가이자 교육 사상가 예스퍼 율은 부모가 아이에게 등대 역할을 해야 한 다고 말했는데, 율이 나의 상황을 보았다면 등대로서의 나 의 역량에 의문을 제기했을 것이다. 다른 전문가들은《모 든 아이들은 쇼핑하는 법을 배울 수 있다》라는 제목의 책 을 썼을 것이다.

좀비가 되는 엄마 아빠

판다 파파(게으른 부모), 타이거 맘(교육열이 뜨거운 부 모), 프랑스식 교육, 독일식 자립심 교육, 자유방임 등 부모 로서 자녀를 교육할 때 참고할 선택지는 무궁무진하다. 스 위스 출신의 육아 전문가 레모 라르고, 예스퍼 율, 아네테 카스트 찬, 노라 임라우 등 육아 및 아동교육 전문가도 많 다. 방향성을 찾고 있든, 좋은 조언을 얻고 싶든, 아니면 육 아를 자신의 라이프스타일의 연장선이라고 생각하든 작은 서점에만 가도 관련 책을 다수 찾을 수 있다.

부모들을 위한 실질적인 도움도 적지 않다. 독일에서

는 150여 가지의 각기 다른 수당이 주어진다. 자녀수당, 부모수당, 임신수당, 부모수당 추가금, 결혼수당, 양육 지원금 등이 있다. 그 외에도 키즈 카페, 동물원과 도서관 같은 인프라와 교통비 할인 등의 각종 혜택이 있고 정보를 공유할 여러 모임과 정신 분야 상담 지원이 가능한 센터도 있다. 부모뿐만 아니라 아이들 또한 도시별로 여러 지원과 교육을 받는다.

이 모든 계획과 지원, 도움, 부모와 자녀 간의 연결을 위한 노력에도 불구하고 육아는 고되다. 대부분의 부모들이 가정과 일을 모두 돌보고 있지만, 그러다 보니 엄마와 좀비의 합성어인 '맘비Mombie'라는 말까지 생겨났다. 피로에 찌들고 스트레스를 받고 스스로를 돌보지 못한 채 아이가 흘린 음식물 자국이 있는 옷을 그대로 입고 있는 엄마의 모습을 묘사한 것이다. 맘비와 일부 좀비 아빠들은 학부모 상담, 유치원 학예회, 코로나19 접종 패스, 취미 생활, 아이 태워다주기, 커리어(만약 아이가 태어난 다음에도 챙길 커리어가 있다면)를 들고 저글링을 하느라 바쁘다. 이제는 노쇠한 부모에 대한 걱정도 놓을 수 없다.

독일 어머니들의 복지를 위한 재단인 엘리 호이스 크

납 재단은 독일의 육아 실태를 숫자로 발표했다. 조사 결과 어머니 230만 명, 아버지 23만 명이 치료가 필요한 상태였다. 제출된 요양 신청서 중 90퍼센트가 승인되었다. 그런데 치료에 들어간 어머니, 아버지, 아이들의 상태는 예상보다 더 심각했다. 그들 중 5분의 1이 이미 치료 한 번으로는 회복이 어려울 만큼 안 좋은 상태였기 때문이다. 회복을 위해서는 재활요법도 필요해 보였다. 이들이 심각한 상태에 빠진 주요한 이유는 번아웃과 우울증 등이었다.

이런 문제는 다양한 구조적인 이유 때문에 발생하는 것이니 부모 개개인의 문제로만 치부해서는 안 된다. 대부분의 부모들은 자신이 가진 자원, 자신의 성격과 수입의 한도 내에서 자식을 잘 키우기 위해 최선을 다한다. 아이를 잘 키운다는 것은 아이들이 여러 취미를 즐기고, 밝은 방을 갖고, 많은 친구를 사귀도록 도와주는 것이다. 때로는 혼자 아이를 키우며 스트레스가 쌓인 어머니나 아버지가 일하는 몇 시간 동안 세 살배기 딸을 자기 방에서 혼자 놀도록 하는 것일 수도 있다. 그러나 우리는 이상적인 육아보다 일상의 긴급 상황을 더 자주 겪는다. 대도시의 높은 월세, 떨어지지 않는 기침, 고장 난 세탁기, 직장에서의 분노, 학교 숙제와의 싸움 등이다.

대부분의 부모들은 계획하고 원해서 아이를 낳았고, 다른 모든 감정은 뒤로 밀려 잘 보이지 않을 정도로 큰 애정을 아이에게 쏟는다. 대부분의 가정은 아이를 반드시 낳을 계획을 세운다. 한편 통계적으로 엄마들이 첫아이를 낳는 연령은 점점 상승 중이다. 우리 부모나 조부모 세대에는 반드시 아이를 낳아야만 했기 때문에 결혼하고 성관계를 했지만, 오늘날 여성들은 다양한 피임법을 활용할 수 있고, 가정을 이루기 전까지 혼자서 충분한 시간을 보내고 교육을 받을 수 있다.

아이와 온기를 나누는 일

그러나 아무리 뛰어난 육아법을 따른다고 하더라도 부모와 자식 사이의 갈등을 막을 수는 없다. 아이를 키운다는 것은 자신의 장점과 단점에 맞서 섀도복싱을 하고, 눈물을 흘리며 격동하는 미친 듯한 사랑에 몸부림치고, 격렬한 논쟁을 벌이고, 그러면서도 여태까지는 겪어본 적 없는 포옹과 온기를 나누는 일이다. 어린아이를 키우다 보면 오래된 세상을 새로운 시각으로 보게 된다. 아이가 점점 나이를 먹으면 새로운 세상을 오래된 시각으로 보게 된다. 아이가 생기면 누구든 자신의 새로운 면모를 알게 된다. 여태까지 나에게 이런 면이 있었나 싶을 정도로 힘이 솟는 경험을 한다. 아침마다 다섯 살짜리 아이가 부모의 침대로 기어들어와 큰 소리로 방귀를 뀌고는 그 소리가 재미있다며 깔깔대고 웃는 일상적인 순간은 모든 가족의 기억에 남아 몇 년 후에도 가끔씩 대화의 주제가 되는 유쾌한 장면이다.

이런 작은 행복의 순간을 위해서 우리에게 필요한 것은 돈이 많이 드는 취미도, 이론적인 사회구조도 아니다. 아무리 혼란스러운 상황이 벌어져도 유머러스하게 넘길 수 있는 힘, 모르는 것을 배우고 스스로를 의심하는 용기, 아이의 별난 행동과 자신의 어리석은 행동을 인정하는 용기다. 사랑이란 다른 사람의 좋은 점만을 좋아하는 것이 아니라 나쁜 점도 감내하는 것이라고 아이에게 가르쳐주는 사람은 이미 아이가 성인으로 다가가는 길을 조금씩 발맞춰 걸어주고 있는 셈이다.

예전에는 성적이 좋았던 아들이 기대에 못 미치는 성

적표를 들고 집으로 돌아왔을 때 변함없이 사랑해주는 것은 선반 정도는 직접 벽에 못을 박아 설치하고 몇몇 요리를 만들고 악기를 연주하는 등의 실용적인 기술을 익히는 것과 마찬가지다.

늘 모든 것을 주려고 하기보다는 언제 끼어들어 중재하고 언제 경쟁심을 부추겨야 하는지, 언제 게을러도 되고 언제 유머러스해져야 하는지 아는 것이 중요하다. 저항과 갈등을 최대한 줄이는 방법은 우리 사회에서 평판이 좋지 못해서, 주로 게으른 전략이라거나 기회주의자 혹은 아첨꾼들이나 하는 짓이라고 불린다. 하지만 육아는 이제 시간과 힘이 대단히 많이 드는 마이크로 매니지먼트, 즉 아주 작고 세세한 부분까지 신경 써야 하는 일이므로, 지친 몸을 이끌고 쳇바퀴를 굴리듯 살지 않으려면 자신의 힘을 적절하게 배분하는 일이 무엇보다 중요하다. 이때 당신을 괴롭히는 일이 외부적인 것인지 내부적인 것인지는 관계없다.

육아에는 해야 할 일 목록이 아니라 해서는 안 되는 일 목록이 존재한다. 100점짜리 불면증이 있는 엄마보다는 70점짜리 건강한 엄마가 가족의 평화를 지키는 데는 훨씬 좋다. 지나치게 열정적인 극성 아빠보다는 게으른 아빠가 낫고, 시험 스트레스 때문에 등교 거부를 하는 아이보다는 중간 정도의 성적을 받는 아이가 낫다.

완벽 지향에서 벗어나보면 어떨까?

요즘 할머니들은 자신의 자식을 지켜보며 세상이 얼마나 바뀌었는지에 혀를 내두른다. 그들이 아이를 키우던 시대에는 먹을 것도 많지 않았고, 아이들 앞에서 담배를 피워도 괜찮았고, 집을 비워야 할 때는 이웃에게 아이를 맡기는 것으로 충분했다.

그런 시대는 이제 지났다. 요즘 아이들은 각종 유기농이니 천연 재료니 하는 간식을 먹고, 재사용이 가능한 물통에 생수를 담아 학교에 가져가며, 초콜릿이나 사탕 같은 단것은 부모의 허락을 받고 먹어야 한다. 흡연자인 부모들은 안전하게 담배를 피울 곳을 찾아다녀야 한다(집에서는 당연히 피울 수 없고, 자동차 안에서도 안 된다). 자식을 큰 소리로 혼내는 부모는 이상한 사람이라는 시선을 받고, 아이를 때리는 일은 이제 거의 사라졌을 뿐만 아니라 처벌을 받는 행동이 되었다.

고개를 절레절레 저으면서도 어느 정도 납득하고 넘어가는 사람들이 있는 한편, 이제 육아에서 벗어난 일부 할머니들은 여기저기 참견하기도 한다. 그런데 이 세상의 모든 가족에게 똑같이 잘 들어맞는 육아법을 찾을 수는 없다. 엄마들이 맛있는 케이크를 만들 줄 알고, 단어도 많이 알고, 몸도 건강하고 날씬하며, 성공적인 커리어까지 갖고 있어야만 하는 것은 아니다. 훌륭한 직업이 있으며 케이크를 빵집에서 사 오는 엄마 혹은 맛있는 케이크를 만들 줄 알고 적당한 직업이 있는 엄마면 된다. 혹은 아이가 유치원에 가 있는 동안 소파에 앉아 쉬다가 케이크를 빵집에서 사 오는 엄마여도 좋다.

그러나 요즘 엄마들에게 소파에서 꾸벅꾸벅 조는 순간은 쟁취해야만 얻을 수 있는 꿈같은 시간이다. 운동이나 친구와의 만남을 취소하고, 집은 어지럽혀진 대로 두고, 저녁 식사는 케첩과 감자튀김만으로 대충 준비해야만 겨우 소파에서 쉴 짬이 생긴다.

가장 성공적인 생존 전략은 '선택적 지각'이다. 세탁기와 식기세척기가 동시에 고장 났는가? 예전에 비해 몸매가 볼품없는가? 아이들의 성적이 좋지 않은가? 받은 메일함에 읽지 않은 이메일이 쌓였는가? 이것은 모든 가정이 예외 없이 겪는 문제다.

모든 것을 원하다 보면 결국 스트레스만 쌓인다. 원하던 것들이 생각과는 다른 결과를 보일 테니 말이다. 언젠가 창의력이 뛰어난 기술자가 집을 자동으로 치워주는 기계를 개발할지도 모르지만, 어쨌든 청소로봇으로는 겨우 집을 치울 수 있을 뿐이지 가족의 행복을 만들어내지는 못한다. 여태까지 시대가 요구하는 모든 것을 동시에 전부 해낸 여성은 없다는 점을 위안으로 삼자. 엄청난 커리어, 빼어난 몸매, 성적도 좋고 뭐든 잘하는 아이 넷, 말리부에 있는 크고 아름다운 집, 젊은 남편을 모두 가진 여성은 오직 모델 하이디 클룸뿐이다. 유모를 세 명 고용한 데다 자신을 본뜬 바비 인형까지 출시된 사람을 목표로 삼아서는 안 된다.

단것에 대한 걱정

아이에게 매일같이 달콤한 간식을 먹어서는 안 된다거

나, 설탕은 몸에 좋지 않다거나, 초콜릿이나 콜라에 중독되면 안 된다고 많은 사람들이 생각한다. 그러니 이 모든 것을 삼가야 할까? 자녀에게 설탕이 들어간 간식을 거의 먹이지 않는 부모도 있지만, 그런 사람은 거의 전설 속에나 존재할 정도로 희귀하다.

아가베 시럽이나 대추야자, 꿀 등이 정제설탕보다 건강에 좋다는 대체재라고 믿어서는 안 된다. 달지만 건강하다니, 솔깃한 말이지만 실상은 그렇지 않다. 달콤한 맛을 내는 모든 것은 나름의 부작용이 있는 당분이다. 물론 칼로리가 없는 감미료도 있지만, 그것이 정말로 정제설탕보다 훨씬 건강에 좋은지는 아직 과학적으로 명확히 밝혀진 바가 없다. 그러니 '더 건강한 설탕'을 찾거나 정제설탕 때문에 노이로제에 걸리지 말고 가족들의 혈당을 평범한 수준으로 유지하는 방법을 찾자.

주스나 레모네이드, 콜라는 되도록 피한다. 어린이 요거트, 어린이 시리얼, 어린이 초콜릿, 아기 과자 등 어린이나 아기 전용으로 출시된 모든 제품도 피하는 편이 좋다. 이런 제품은 아이들에게 좋은 것이어서가 아니라 한 치의 오차도 없이 목표 집단을 설정하겠다는 상업적인 생각에서 만들어진 것이기 때문이다. 슈퍼마켓에서 젤리 대신에 울며 겨자 먹기로 설탕이 덜 들어갔다는 유기농 쿠키나 카카오 함량이 높은 초콜릿을 고르는 사람들이 있다. 더 의욕이 넘치는 사람들은 직접 쿠키를 굽기도 한다.

앞니가 없는 아이들이 귀리 과자를 녹여 먹는 사이, 부모들은 아이에게 들키지 않으려고 꽁꽁 숨겨두었던 고급 초콜릿을 꺼내 먹는다. 맛있는 쿠키를 직접 만들어주고 철저히 숨겨두었던 초콜릿을 몰래 먹는다면 부모와 아이 모두 만족할 수 있을 것이다.

아이의 성적 때문에 받는 스트레스

아이가 끈기를 갖고 집중력을 발휘하여 흥미가 없는 일 또한 계속해서 할 수 있도록 성장하는 것은 매우 중요하다. 이런 능력은 앞으로의 인생을 살아가는 데 반드시 필요하다. 그러나 수학 수업을 들을 때도 반드시 그래야 하는 것은 아니다. 만약 당신의 자녀가 그리 어렵지 않게 좋은 점수를 받는다면 축하할 일이다. 하지만 자녀가 평균 점수를 받았다고 해서 실망해서는 안 된다. 모두가 최고만을 바라보느라 놓치고 있는 것이 있다. 평균적인 삶 또한 아주 행복한 삶, 적어도 만족스러운 삶일 수 있다. 우리는 이미 여러 영재 어린이들의 이야기에서 배운 바가 있다. 영재들은 비슷한 수준의 영재들 사이에서 고군분투하느라 힘들다.

일본에는 '사는 보람生き甲斐(이키가이)'이라는 개념이 있다. 삶(존재)의 이유, 삶의 가치를 가리키는 말이다. 사는 보람이란 체스 동호회일 수도, 마당의 회양목일 수도, 나방이 침입할 수 없는 방충망일 수도, 일요일에 만든 완벽한 스크램블 에그일 수도 있다. 사는 보람이 있는 사람들은 인생이란 살 가치가 있는 것이라는 흔들리지 않는 믿음이 있다. 이런 믿음은 건강과 삶의 질, 전반적인 만족감에도 영향을 미친다.

아이가 학교에서, 연극부에서, 스포츠에서, 혹은 수학에서 사는 보람을 찾는다면 좋은 일이다. 하지만 아이들은 대개 학교 일이나 공부에 100퍼센트 몰두하기보다는 적당한 수준의 관심을 보인다. 당신 자신의 졸업 성적을 떠올려 보라. 졸업할 때의 성적과 훌륭한 커리어의 밀접한 상관관계는 그리 크지 않다. 무엇보다도 커리어라는 말을 들으면 실소가 나오지 않는가? 초과근무와 각종 음모, 중상모략이 가득한 직장에서 잠재적인 사는 보람을 찾기는 어렵다. 오히려 일하는 데 활용하기는 어려운 미지근한 열정이 사는 보람에 더 가깝다.

아이의 학교 성적으로 인한 스트레스에서 벗어나 자녀가 스스로 원하고 좋아하는 것을 찾도록 도와야 한다. 어떤 아이는 성실하고 규칙적인 생활이 자신에게 맞는다고 생각할 수 있고, 어떤 아이는 즉흥적이고 직감적인 생활이 자신에게 맞는다고 생각할 수 있다. 아이가 잘하는 것과 좋아하는 것을 파악하고 부모가 적극적으로 실용적인 과제를 제시한다면 언젠가는 그것에 익숙해진 아이가 스스로 나서서 과제를 수행할 것이다.

아이와 대화를 나누면 부모의 일방적인 강요가 아닌 적당한 합의점을 찾을 수 있다. 내 경험에 따르면 주말에 아이를 집에 붙잡아두고 공부하라고 압박하는 것보다 매일 10분씩 영어 공부를 하도록 하는 것이 도움이 된다. 이런 과정에 익숙해진 아이는 매일 조금씩이나마 새로운 것을 배우고 자의식이 강해지며 홀가분한 마음으로 등교할 수 있다.

한시도 가만히 앉아 있지 못하는 아이, 전학을 가야 할 정도로 큰 문제를 일으킨 아이, 읽기나 쓰기에 어려움을 겪는 아이에게는 단순히 숙제를 하기 싫어하는 아이와는 조금 다른 도움이 필요하다. 등교를 거부하는 아이는 부모에게도 큰 부담이다. 그러나 부끄러워하거나 망설이지 말고 학교 안팎의 전문가에게 도움을 요청해야 한다. 그래야 압박감과 부모 자녀 간의 관계에서 생긴 죄책감을 일부나마 덜어낼 수 있다.

식사에 대한 강박을 내려놓자

현대의 육아 방식에 따르면 부모는 아이에게 다양한 미각 경험을 시켜줘야 하고, 식사 예절을 가르쳐야 하고, 건강하고 영양학적으로 균형 잡힌 음식을 먹여야 하고, 다양한 색상의 채소를 먹여야 하고, 지방과 단백질, 탄수화물의 비율이 적절한 음식을 먹여야 하고, 생체역학적인 음식을 먹여야 한다. 아이가 호기심을 보인다면 같이 요리도 해야 하고, 식사 후 식탁 정리를 돕도록 해야 한다. 이 모든 일을 어려움 없이 행하고 있다면 정말 잘된 일이다.

방금 언급한 것은 아주 긍정적이고 올바른 일들이다. 하지만 대부분의 부모들에게는 이것들을 모두 챙길 시간이 없고, 아이들은 대개 면이나 버터가 들어간 것, 치즈가 들어간 것들만 먹으려고 한다. 향신료나 견과류, 채소가 들어간 식단은 부모와 아이들에게 실망만을 안겨줄 뿐이다. 아이들은 맛있는 반찬이 없어 실망하고, 부모들은 애써 만든 요리를 아이가 먹어주지 않아 실망한다.

그렇다면 괜히 스트레스 받지 말고 아이가 원하는 것을 먹이자. 생소한 유기농 소스를 만들겠다고 시간을 허비하지 말고, 부모와 아이가 모두 즐길 수 있는 음식을 준비하자. 시간이 많이 드는 요리는 주말로 미루자. 아이와 타협하기 위해 제시할 탄산음료나 케첩 같은 달콤한 것을 처음부터 꺼내지 말자. 항상 잘게 자른 과일과 채소를 아이의 손이 닿는 곳에 두자(더 작게 자를수록 아이가 보상 없이도 과일이나 채소를 먹을 가능성이 높아진다). 만약 아이가 볼로네제 스파게티만 먹으려고 한다면, 다진 콩이나 강판에 간 당근을 소스에 섞도록 하자. 날이 갈수록 아이는 건강해질 것이다. 당신이 몇 시간 동안이나 요리한 구운 콜리플라워를 아

이가 거부한다면 어제 먹고 남은 빵과 면 요리를 먹도록 하
자. 그러면 모두가 행복해진다.

엄마로서 예쁘고 싶다는 생각

　사람들이 자신의 몸을 구석구석 살펴 모든 부위에서
단점을 찾아내게 되는 것은 일종의 시스템 때문이다. 광고
에 홀린 대중이 자기 몸에 부족한 점이 많다고 생각할수록
이를 보완할 제품을 사는 데 투자하는 돈이 늘어나기 때문
이다. 아이를 셋 낳고 키운 어머니가 이제 가슴의 모양을
조금 가꿔보겠다고 하는 게 나쁘다는 뜻은 아니다.
　반자본주의와 페미니즘이라는 이름 아래 사람들이 뷰
티 시장과는 작별하고 앞으로 계속 화장기 없는 얼굴로 일
상을 보내야 하는 것은 아니다. 여성들이 자신의 외모를 매
력적으로 가꿨을 때 얻는 장점은 매우 크기 때문에 이를 포
기할 때 고려해야 할 점도 많다. 물론 요즘 젊은 여성들 중
에는 하이힐이나 마스카라, 화장, 염색처럼 성적 매력을 극
대화하려는 노력을 하지 않는 사람이 늘어나고 있지만 말

이다.

자연스러움을 추구하면 시간과 돈을 대폭 아낄 수 있다. 게다가 화장하지 않고 자동차 대신 자전거를 타고 다니는 '에코 맘'이 누구보다도 빛나 보인다는 사실을 모든 이들이 알고 있다.

하지만 아무리 자주적이고 자신감이 넘치는 여성이라고 하더라도 완전히 독립적으로 자신만의 철학을 관철하기는 어렵다. 집에서 한 발자국만 나가도 보톡스 클리닉이니, 동안 클리닉이니, 셀프케어 제품이니 하는 것들이 널려 있기 때문이다.

과연 그런 것들을 왜 하는지 스스로에게 물어봐야 한다. 내가 과연 '미시 모델 선발대회'에서 상을 받고 싶은 건가? 지하철에서 시선을 끌고 싶은 건가? 다른 엄마들에게 깊은 인상을 남기고 싶은가? 성생활에 변화를 주고 싶은가? 배우자를 행복하게 하고 싶은가? 만약 당신의 남편이나 다른 가족들을 행복하게 하고 싶어서 스스로를 꾸며야겠다고 생각한다면, 당신의 몸이 남편과의 관계나 아이들과의 관계에 어떤 영향을 미칠지 생각하라. 여성의 몸이 얼마나 많은 사랑, 포근함, 안정감, 위로, 평화를 줄 수 있는

지는 튼 살로 쭈글쭈글한 배, 축 처진 가슴, 그 외의 피로와 고됨의 흔적과는 전혀 상관이 없다.

어머니의 포옹을 떠올려보자. 어머니로부터 느낀 감정은 어머니의 편평한 배가 아니라 어머니의 냄새, 심장박동, 호흡과 관련이 있다. 당신이 사랑한(혹은 사랑했던) 남자는 어떤가? 영화에나 나올 법한 그 남자의 '식스팩' 근육이 당신이 느낀 애정의 원천이었는가? 아니면 그의 성격과 몸, 스킨십, 요리 실력 등이 종합된 것이 애정의 원천이었는가? 애초에 남자들이 화장도 하지 않고 바지를 두 벌만 돌려 입어도 우리는 크게 신경 쓰지 않는다.

아무리 스포츠를 즐기는 남성이라도 마흔을 넘기 시작하면 배가 조금씩 나온다. 이 '아저씨 배'는 점차 동산처럼 봉긋하게 솟는다. 그렇지만 배우자의 배가 나오기 시작했다고 해서 부부간의 성생활이 완전히 사라지고, 여성의 기분이 나락으로 떨어지고, 이혼 서류가 제출되지는 않는다. 대부분의 여성들은 남편의 배가 나오는 것을 거의 혹은 아예 신경 쓰지 않는다. 오히려 중년임에도 몇 시간 동안 경주용 자전거를 타며 완벽한 몸매를 자랑하는 사람들보다 인간미가 있어 더 좋다고 생각한다.

신체는 가족에 대한 사랑을 보여주는 가장 좋은 표현이다. 이때 정해진 몸의 형태란 없다. 부드러운 배, 익숙한 향수, 포옹의 따스함이야말로 안전함과 의지, 사랑받는 기분을 느낄 수 있는 요소다.

또 우리는 신체의 주인으로서 우리 몸이 건강할 수 있도록 책임을 져야 한다. 아마 우리 몸도 그러기를 기대하고 있을 것이다. 꼭 헬스장에 가서 열심히 운동하고 일주일에 한 번은 전신운동을 해야만 건강을 챙길 수 있는 것은 아니다. 가능한 한도 내에서 몸을 많이 움직이면 된다. 아이들을 따라 놀이터를 이리저리 돌아다니고, 아이를 데려다주고 데리고 오고, 장을 보고, 짧은 거리 혹은 중간 정도 거리를 자전거를 타거나 걸어서 다닌다면 운동량이 충분하다.

부모들의 건강에 가장 큰 영향을 미치는 것은 무엇보다도 스트레스와 수면 부족이다. 만약 당신의 스트레스 호르몬이 현재 최대치로 분비되고 있다면 다이어트를 위한 조깅은 당장 그만두자. 수면 부족은 운동 부족만큼이나 혈관 건강에 좋지 않다.

성별에 따라 장난감을 나눌 필요는 없다

부모들은 아이들을 공평하게 보살피고 집안일도 공평하게 나눠서 하려고 노력한다. 그리고 아이에게도 다양한 직업이 있다는 것을 알려주기 위해 예술가나 연구자 같은 사람들이 등장하는 동화를 읽어주며 세상에는 수많은 가족이 있고 여자아이들은 무엇이든 될 수 있다고 가르친다. 그렇다면 딸들은 무엇을 원할까? 무지개 바비 인형, 바비 인형 자동차, 바비의 성 등이다. 딸들은 무엇이 되고 싶어 하는가? 공주님이다. 때로는 24시간 내내 공주 놀이를 하고 싶어 해서 부모들을 한숨 쉬게 만든다.

반짝이, 핑크색, 면사포, 디즈니 라이선스를 받은 수많은 공주 옷들. 시중에 출시된 어마어마한 양의 폴리에스테르 제품은 질도 나쁘고 환경에도 좋지 않다. 게다가 무엇보다도 아이들에게 잘못된 여성상을 심어줄 수 있다. 물론 디즈니도 점점 나아지는 모습을 보이고는 있다. 디즈니의 라푼젤은 머리카락을 올가미와 사슬처럼 사용해 싸웠고, 엘사는 제멋대로이며 독특하다. 〈겨울왕국〉 관련 좌담회에서 엘사는 경계선 성격 장애라는 진단을 받기도 했다. 한편 뮬

란은 전쟁에 참여해 용기 있는 모습을 보이며 동료들에게 인정받았다.

1937년에 백설공주가 일곱 난쟁이 앞에 나타나 엉망진창이던 난쟁이들의 살림살이를 깨끗하게 정돈하고 그들을 보살펴준 이후로 디즈니는 많은 변화를 시도했다. 바비 인형 제조사인 마텔Mattel 또한 '패셔니스타' 라인을 선보이며 여태까지 만들었던 날씬한 금발 인형과는 다른 인형을 만들었다. 패셔니스타 라인은 키가 작고, 보통 몸무게이고, 피부색이 다양하고, 헤어스타일이 다양한 인형들이다. 심지어 어떤 인형은 휠체어를 타고 있고, 어떤 인형은 머리카락이 없으며, 어떤 인형은 금색 의족을 달고 있다. 이처럼 장난감계의 주류 회사와 대기업이 다양성을 위해 노력하고 있으며 이는 대부분의 부모들도 마찬가지다.

그러나 젠더에 민감한 고학력자 부모들에게는 안타까운 일이지만, 대부분의 딸들은 반짝이는 면사포를 쓰고 유치원에 가고 싶어 하고, 마치 폴댄서처럼 보이는 여자 주인공들이 등장하는 애니메이션에 푹 빠진다.

젠더에 대한 집착이나 광기는 성별을 특정하지 않는 언어 사용이 아니라 여자아이들을 위한 핑크색 포장지 초콜릿이 출시되고, 남자아이들을 위한 해적 그림이 그려진 치약이 출시되는 데 있다. 이것은 단순히 첫째 아이가 쓰던 장난감을 성별이 다른 둘째 아이에게 물려주기 어렵다는 데서 그치는 문제가 아니다. 남자아이들을 위한 물건에 핑크색이 사용되지 않으면 남자아이들이 핑크색을 보고 '저건 여자애들 거야'라고 생각하게 되므로, 이것은 사회적인 문제이기도 하다. 또래 남자아이가 핑크색이 들어간 물건을 쓰는 것을 보면 놀리고 따돌릴 것이기 때문이다. 남자아이들이 보는 매체에서 남성다움에 대해 소방관, 경찰관, 드래곤 마스터 등의 서사만 등장시키는 것은 여자아이들에게 연약한 공주나 바비 인형의 모습을 주입하는 것만큼이나 위험하다.

쇼핑할 때 이런 문제에 주의하며 중립적인 장난감만 구입하는 부모들은 바비 인형 때문에 고민할 필요 없다. 아들에게 누나가 입던 옷을 그대로 입히는 부모들은 이미 아이들에게 성평등 교육을 하고 있는 셈이다. 딸의 방에 바비 인형과 해적선 장난감을 함께 놓아두고, 옷장에는 소방관 헬멧과 발레용 스커트를 나란히 걸어두는 부모라면 아이가 다양한 세계를 경험하도록 도와주고 있는 것이다.

그리고 자녀의 방을 성평등적으로 꾸미기 전에 부부가 각자의 행동을 먼저 돌아보도록 하자. 남편이 돌봄을 '둘이서 반반씩 해야 하는 일'이 아니라 '아내가 주로 하고 나는 도와주는 일'이라고 생각하고 있다면, 마텔이나 디즈니처럼 앞으로 더욱 노력해야 한다. 플라스틱 인형 하나가 아이의 운명을 바꿀 수 있다면 좋겠지만, 사실 키를 쥐고 있는 것은 부모, 교사, 친구, 그리고 아이 자신이다.

모든 걸 완벽하게 가르치기는 힘들다

대부분의 아이들은 잘나가는 회사 임원보다도 스케줄이 빡빡하다. 월요일에는 축구 교실, 화요일에는 체스 교실, 수요일에는 피아노 학원, 목요일에는 봉사활동을 위한 양말 뜨개질 교실, 금요일에는 체조 교실에 가야 한다. 《그레이의 50가지 그림자》라는 성인 소설에 나오는 크리스티안 그레이처럼 아이들의 삶을 요약하자면 외국어 한 가지, 스포츠 한 가지, 악기 한 가지는 완벽하게 할 줄 알아야 한다.

인생을 살려면 적어도 이런 것들을 하나 이상 할 줄 알아야 한다는 생각은 아이가 스스로는 성장할 수 없다는 생각, 적어도 부모와 비슷한 수준을 갖추어야 한다는 생각, 그리고 어쩌면 아이가 숨겨진 재능을 갖고 있으며 부모가 그것을 일찍 발견하고 능력을 발휘하도록 도와줘야 자신의 길을 찾아 나갈 수 있을 것이라는 생각에 기반을 둔다. 만약 아이가 정말로 축구 천재이거나 비올라 천재라면 이런 지지와 지원이 큰 도움이 된다. 그러나 대부분의 경우는 다르다. 어쩌면 부모 입장에서는 '우리 아이는 체스 천재지만 단순히 흥미가 없을 뿐이야'라고 생각하며 자녀를 체스 교실에 보내는 것일지도 모른다. 하지만 아이 스스로 재미를 느끼지 않는데 부모의 마음만 앞서가는 교육은 양쪽 모두를 지치게 만들 뿐이다.

아이에게 다양한 음악의 세계를 알려주거나 아이가 미술 학원에서 상상력을 발휘하도록 돕고, 축구 교실에서 새로운 친구들을 사귀도록 하고, 팀 스포츠 정신을 배우도록 하는 것은 긍정적인 일이다. 하지만 아이가 진심으로 원하거나 즐기지 않는 취미는 에너지 낭비일 뿐이다. 불기 싫은 플루트를 억지로 배워봐야 나중에 스스로 시간을 내서 플루트를 연습하고 싶은 마음은 들지 않을 것이다. 아이가 방과 후에 책 읽기를 원한다면, 혹은 밖에 나가 친구들을 만나고 싶어 한다면 그렇게 하도록 두면 된다. 그리고 아이가 흥미를 갖고 집중할 수 있는 취미를 찾아주자. 아이가 새로운 취미에 온 힘을 쏟고 거기에서 영감을 얻고 위로를 받는다면 아주 좋다. 아이의 새로운 취미가 학업과는 전혀 상관이 없는 것이라고 하더라도 응원해주자. 대부분의 아이들은 이미 학교에서 스트레스로 가득한 시간을 보내고 있기 때문이다.

아이는 부모가 어렸을 때 놓친 기회를 대신 잡을 수단이 아니다. 부모가 이루지 못한 소망을 대신 이뤄주는 도구도 아니고, 부모의 명예욕을 채워주는 발판도 아니다. 원하는 것, 이루고 싶은 것이 있다면 부모가 직접 하면 된다. 어렸을 때 악기를 배워야 악기를 제대로 다룰 수 있다는 믿음은 뜬소문이라는 것이 이미 증명되었다. 그럴 마음만 있다면 사람은 언제든 새로운 것을 배울 수 있다. 자신이 어렸을 때 하루에 30분씩 바이올린 연습을 하느라 진절머리가 났던 경험이 있다면, 자녀가 어떻게 느낄지도 공감할 수 있을 것이다.

과보호 대신 공감을

픽사의 애니메이션 〈니모를 찾아서〉를 기억하는가? 니모의 아버지 말린은 아들을 이 세상의 모든 위험으로부터 지키려 했다.

"아들에게 아무 일도 안 일어나게 하겠다고 약속했어!"

이 말을 듣고 건망증에 시달리는 블루탱 도리는 이렇게 말한다.

"아무 일도 안 일어나게 할 수는 없어. 그럼 걔한테는 정말로 아무 일도 안 일어날걸?"

부모라면 아이가 살면서 좋고 긍정적인 일만 겪기를 바란다. 하지만 거기에 너무 집착하다 보면 정확히 그 반대의 일이 일어난다. 아이들은 부모의 보호를 받기야 하겠지만 그 이전에 통제를 당하게 된다. 아이를 통제하려면 투자해야 할 것이 많다. 부모는 아이를 통제하기 위해 온 신경을 곤두세우고 시간을 쏟아야 하고, 잠을 줄여가며 정보를 모아야 한다. 그러면 결국 자녀가 새로운 경험을 할 기회를 빼앗게 되고, 억압당했던 아이는 나중에 커서 예전에 하지 못한 경험을 하려고 할 것이다.

부모 자신은 어렸을 때 모험을 하면서 재미와 감동을 느껴놓고 정작 자신의 아이가 그런 재미와 감동을 느낄 기회를 빼앗는 경우도 있다. 기억이 미화됐을지도 모르지만, 대부분의 어른들은 어렸을 때의 추억이 떠오르면 금방 몰두하곤 한다.

위험한 상황을 맞닥뜨리고 의욕이 꺾이고 실망하더라도 부모의 울타리라는 한계를 뛰어넘었다는 기억은 가장 뚜렷하게 남는다. 우리는 때때로 영웅처럼 위기를 극복하고, 어떤 때는 바보처럼 멍하니 있곤 한다. 이상적으로는 바보가 더 똑똑할 때도 있다. 우리 부모 세대는 한계를 뛰어넘는 것을 간접적으로만 경험했거나 아예 경험하지 못했다. 그러니 여러분도 자녀를 과보호하지 않는 편이 좋다. 다른 엄마들과 수다 떨 때 주요 화두로 등장하는 위치 추적 앱을 아이의 휴대전화에 설치하지 말자. 아이가 마음대로 행동하도록 두고, 최악의 상황이 벌어졌다면 경찰서로 아이를 데리러 가자. 열세 살 때 가게 물건을 훔치고서 훈육을 받는 편이 마흔 살에 탈세로 조사를 받는 것보다 낫다. 그때는 미성년자가 아니니 보호받지도 못한 채 곧바로 감옥에 갈 것이다.

아이를 대상으로 탐정처럼 굴기보다 아이가 어떤 일들을 겪고 있는지 공감하는 데 집중하라. 아이는 만족하고 있는가? 교우 관계가 원만한가? 친구들과 서로를 잘 이해하는가? 아이가 늦잠을 자서 받아쓰기 시험을 한 번 못 보는 경험을 하는 것이 등교 거부를 하거나 시험 스트레스로 복통을 일으키는 것보다 훨씬 낫다. 아이를 지켜보고, 아이와 대화를 나누고, 아이에게 질문하는 것이 중요하다. "오늘 수학 시간에 뭘 배웠니?"라는 질문을 하라는 것이 아니다. 당신 또한 갑자기 배우자가 와서 엑셀을 사용할 때나 상사와 대화할 때 주고받기 좋은 주제로 이야기를 꺼낸다면 달갑지 않을 것이다.

엄마를 향한 비판에서 자유로워지기

어떤 엄마는 아침부터 저녁까지 아이의 뒤만 졸졸 따라다니고, 어떤 엄마는 돌봄을 소홀히 한다. 어떤 엄마는 약속 시간에 항상 늦고, 어떤 엄마는 다른 부모들의 일거수

일투족을 평가하고, 또 어떤 엄마는…… 당신의 친한 친구이거나 당신 자신일 수 있다.

다른 엄마들을 비판하기란 쉽다. 남을 깎아내리는 것은 일상에서 얻을 수 있는 가장 낮은 수준의 성취감이다. 부모들, 특히 엄마들은 걸어 다니는 표적이다. 아이를 방임하든, 지나치게 엄격하게 대하든 욕을 먹는다. 아이를 일보다 우선시해도, 일을 아이보다 우선시해도 욕을 먹는다. 몸매나 머리 스타일, 남편에 관한 이야기는 말할 것도 없다.

모두가 피로에 절어 있는 노동 집단의 일원일 때, 한 사람을 표적으로 삼아 비판의 폭격을 퍼부으면 자기 자신은 비판에서 벗어날 수 있다는 묘한 안도감이 생긴다. 가능하면 많은 에너지를 반론의 여지가 없는 표면적인 것에만 쏟아붓는 행동이나, 상대방이 채 방어에 나서기도 전에 시도하는 선제공격, 당신 자신은 절대 표적이 되지 않으리라는 기대에서는 이 딜레마에서 벗어날 해답을 찾을 수 없다.

가장 간단한 해답은 당신 스스로가 다른 가정에 대해 이러쿵저러쿵 떠들지 않는 것이다. 당신의 의지만으로 어쩔 수 없다면, 적어도 그런 대화를 중단하도록 노력하자. 한자리에 모인 사람들이 한마음 한뜻으로 부재중인 사람에 대한 '뒷담화'를 하면 소속감과 안정감이 생기겠지만 분위기는 나빠질 것이다. 타인의 실패를 비웃는 대화는 재미있겠지만, 결과적으로 당신의 이미지를 '뒷담화를 좋아하는 사람'으로 만들 수 있다. 타인의 실수를 냉소적으로 바라본다면, 자신이 실수했을 때도 냉담한 시선을 견딜 각오를 해야 한다. 이것이야말로 당신의 삶에 필요 없는 일이다.

여성해방운동의 큰 성과로 일컬어지는, 여성이 더 이상 아이와 일 사이에서 양자택일을 하지 않아도 된다는 사실은 현실에서는 양날의 검이나 마찬가지다. '아이에게 무심한 엄마'나 '커리어 우먼' 같은 공포의 대상은 고등교육을 받은 여성이 출산 후 1년이 지나도 파트타임 일이나마 시작하지 않거나 아이를 여럿 낳고 아이들이 초등학교에 갈 때까지 가정주부로 지낸다는 또 다른 공포로 대체되었다. 부모, 특히 엄마들에게는 육아와 일을 양립해야 한다는 압박이 정치적으로뿐만 아니라 사회적으로도 가해진다. 가정주부로 사는 것은 이제 새로운 터부가 되었다. 그러나 다른 가정의 사적인 결정을 손가락질하기보다는 다른 곳에 관심을 쏟는 편이 좋다.

그리고 무엇보다도 이 상황에서 도대체 아빠들은 어

디에 있는가? 대부분의 아빠는 육아 기여도가 낮고 어설픈데, 이런 사실은 잘 언급되지 않는다. 그런데 엄마가 슈퍼마켓에서 평소에 사던 것과 다른 브랜드의 어린이 간식을 잘못 사면 각종 변명을 해야 한다. 엄마들에게만 트집을 잡는 것은 여성 혐오, 즉 여성 멸시와도 일맥상통한다. 이런 이중 잣대를 계속 적용해서는 안 된다.

되풀이되는 이런 악습을 일컫는 폴란드 속담이 있다.

"내 서커스도, 내 원숭이도 아니다."

악순환이 벌어지는 이유를 잘 설명한 말이다. 이 악습의 고리를 끊는 것이 너무 큰 발걸음이라면 우선 스스로 마음가짐을 바꿔보자. 못마땅하게 생각하는 대상의 장점을 떠올리고 그 수를 점점 늘려가자.

SNS와 멀어질수록 좋다

어린이, 청소년, 성인까지 모든 이를 한꺼번에 흥분시키는 것이 있으니, 바로 SNS다. 숫자로 보면 더 명확하다. SNS가 생겨나고부터 자살자의 수가 늘어났다(특히 아주 어린 소녀들 사이에서). SNS를 통해 사람들이 받는 압박이 원인인 것으로 보인다. 6학년생들의 그룹 채팅방을 본 적이 있다면 거기서 얼마나 많은 스트레스와 욕설, 곧 악의적인 말로 변질되는 서툰 조언이 난무하는지 알 것이다.

쓸모가 전혀 없는 정보도 넘쳐난다. 밥 말리의 노래 제목 〈노 우먼 노 크라이^{No Woman No Cry}〉를 패러디해 말하자면, 스마트폰이 없다면 울 일도 없다. 다른 아이들이 모두 휴대전화를 갖고 있다고 해서 내 아이에게도 휴대전화를 사 줄 이유는 없다. 휴대전화를 줬다가 다시 뺏는 것은 아이의 팔다리를 절단하는 것이나 마찬가지이니, 애초에 주기 전에 심사숙고해야 한다.

아이에게는 최대한 늦게 휴대전화를 사 주자. 물론 아이가 스마트폰이나 스마트워치를 갖고 있을 때의 장점도 있다. 부모의 도움 없이도 친구들과 연락하고 긴급 상황에도 연락할 수 있다. 자녀의 휴대전화 사용 시간을 철저하게 관리, 감독한다면 아이가 디지털 세상에 연결될 기회를 놓치지 않도록 할 수 있다. 부모의 스마트폰과 연결된 스마트폰을 아이에게 사 줘도 좋다. 부모는 자신의 스마트폰으로 자녀의 인터넷 사용 시간, 게임 시간 등을 조절하고, 자녀가 유해한 사이트나 앱에 접근하는 것을 막을 수 있다.

그런데 아이들은 이런 방면에 아주 영특해서 부모의 휴대전화 비밀번호를 금방 알아내거나, 부모의 스마트폰에 자기 지문을 몰래 등록해두기도 한다. 어차피 부모가 인터넷을 전부 통제하기란 불가능하다. 아이의 친구들 중에는 부모의 감시 없이 온종일 스마트폰을 사용할 수 있는 아이가 있다. 어떤 아이는 형에게 포르노가 무엇인지 배운다.

청소년들이 SNS에서 자신의 정체성을 찾고 스스로 콘텐츠를 만들어내는 것은 바람직한 일이다. 이런 사용법은 전혀 유해하지 않다. 요즘 어린이들은 SNS라는 플랫폼과 함께 자라며, 성인이 되어 SNS를 접한 우리보다 훨씬 직감적이고 능숙하게 SNS를 다룰 수 있다. 다만 우리는 부모로서 사이버 그루밍grooming 같은 주제를 언급하고 아이에게 자신과 친구들의 개인정보나 얼굴 사진을 인터넷에 공유하면 어떤 위험이 발생하는지 가르쳐야 한다.

그러나 SNS의 진정한 위험은 따로 있다. 어린이와 청소년을 불안하게 해서 그들의 시간을 몽땅 빼앗는 것이다. 어린이와 청소년은 다른 활동에 사용할 수 있을 시간을 SNS에 바친다. 스마트폰을 1시간만 사용하고 나면 아이들은 스트레스가 말끔히 해소되며 자기 자신을 훨씬 영향력 있고 강력하고 음악적 재능이 있고 모두에게 사랑받고 인정받는 사람이라고 느끼게 된다.

우리는 미디어의 위상이 식량만큼 중요하다고 봐야 한다. 아이가 평생 동안 설탕을 단 1그램도 섭취하지 않도록 키울 필요는 없지만, 건강에 좋지 않은 나쁜 탄수화물을 최대한 피해야 한다는 사실은 누구나 알고 있다. 마찬가지로 아이들은 메신저 앱 채팅으로 친구들을 사귀기보다는 놀이터나 운동장에서 직접 친구들을 만나 노는 편이 좋다. 특히 열여섯 살 이하 아이들에게는 메신저 앱 채팅을 금지해야 한다. 이것은 아동발달심리학 전공자가 아니더라도 모두가 아는 사실이다.

정체성과 유대감 있는 가족으로

누구는 속옷 바람으로 식탁 근처를 어슬렁거리고, 누구는 이를 잘 닦지 않으며, 누구는 인터넷을 끊어버리겠다고 협박해야 겨우 숙제를 한다. 누구는 디저트를 먼저 받지 못했다는 이유로 소리를 지르고, 누구는 광고가 나와 TV를 껐다는 이유로 화를 내고, 누구는 가장 좋아하는 팬티가 세탁기 안에 있다며 악을 지른다. 한 지붕 아래에 둘, 셋, 넷 혹은 다섯 명의 사람들이 살고 있다면 서로의 관심사가 다르기 때문에 갈등이 발생할 수밖에 없다. 그래서 많은 부모들이 집보다는 오히려 사무실이 오아시스처럼 평온하다고 말한다.

삶은 위로 올라갔다가 다시 아래로 내려가는 굴곡의 연속이며, 가족이란 산호초만큼이나 섬세한 생태계다. 누군가는 코감기에 걸려 코를 훌쩍이고, 충전 케이블이 고장 나고, 숙제를 까먹고, 회사일 때문에 위기를 겪기도 한다. 그럼에도 부모는 아이들을 돌봐야 하고 매일같이 새롭게 발생하는 문제를 해결해야 한다. 천장에 뚫린 구멍이 빗물을 받으려고 그 밑에 놓은 양동이의 수보다 많을 때도 있다. 이때 어떤 가정이든 상황은 비슷하리라고 생각하면 도움이 된다.

누구나 똑같다. 그리고 모든 가족은 저마다 강점이 있다. 어떤 가정의 부모는 다른 부모들에 비해 더 참을성이 있고, 어떤 가정의 부모는 요리를 더 잘하고, 어떤 가정의 부모는 정리정돈을 더 잘하고, 어떤 가정의 부모는 그림을 더 잘 그린다.

육아법과 아이들을 지킬 방법도 각양각색이다. 우리가 매일 겪는 성취감이 조금씩 모여 가족의 삶 중 큰 부분을 이룬다. 하지만 결정적인 것은 아니다. 지지, 이해, 안정, 애정 등은 어린 시절부터 성인이 됐을 때까지 우리 곁에 있는 긍정적인 감정이다. 어떤 가족들은 같이 체스를 두고, 어떤 가족들은 소파에 앉아 축구에 관한 열띤 토론을 나누고, 어떤 가족들은 일요일마다 함께 박물관에 간다. 어떤 가족들은 같이 보드게임을 하거나 함께 휴가를 즐기러 갈 별장을 갖고 있다.

모든 가정은 저마다 전통이 있고, 그것이 어른들에게는 의미 없고 사소한 것일지라도 아이들에게는 전부일 수 있다. 예측 가능성, 반복, 당연함, 가정에 속해 있다는 소속감. 이런 것들이 가정에 정체성을 부여하고 유대감을 만든다. 정체성과 유대감이 있는 가족은 어떤 문제가 닥치든 금방 극복할 수 있을 것이다.

누가 모든 것을 올바르게 할 수 있을까?

이것은 나쁜 소식일 수도, 좋은 소식일 수도 있다. 우리가 부모로서 하는 일은 뭐든 잘못됐다. 아이에게 지나치게 집착하는 부모든, 방임하는 부모든, 군인처럼 엄격한 부모든 상관없다. 무엇이든 부모로서 하는 일은 잘못된 것이다. 주변인들 중 서른 살이 넘어서 자신의 부모에게 "엄마 아빠는 모든 걸 올바르게 하셨어요"라고 말한 사람이 있는가? 그저 위로하기 위해서, 혹은 스톡홀름 신드롬(인질이 인질범의 편을 들거나 인질범을 사랑하는 현상을 말한다—옮긴이)에 걸려서가 아니라 진심으로 그렇게 말한 사람 말이다.

아이들은 살기 위해서 부모를 사랑하고 싶어 하고, 사랑해야만 한다. 사춘기 때부터는 부모 없이도 살아갈 연습을 하기 위해 부모를 싫어해야 한다. 아이들은 부모를 보며 '어른은 저래야 하는 거구나'라고 배운다. 반대로 '나는 저렇게 되지 말아야지'라고 생각하기도 한다. 즉 아이들은 때로는 부모를 사랑하고 때로는 싫어한다. 그런데 부모 입장에서는 애정의 스위치가 켜졌다 꺼졌다를 반복하는 것을 견디기 어렵다. 그리고 자녀가 자란다고 한들 이런 긴장이

완화될지 아닐지 모르기 때문에 도무지 안심할 수 없다.

이처럼 모순적인 감정을 대하는 일은 무엇이 아이를 행복하게 하는지를 찾아내는 일만큼이나 어렵다. 모든 성인이 저마다 다르듯이 모든 아이도 저마다 다르다. 어떤 사람은 규율과 안정을, 어떤 사람은 자유와 자아실현을 원하듯 아이들이 원하는 바도 저마다 다르다. 아이는 물 온도와 필요한 칼로리만 충족되면 자라는 올챙이가 아니다. 아이는 성장 단계마다 변하고, 새로운 욕구가 생기고, 문제를 겪는 인격체다.

사춘기 때는 햇빛도 그림자처럼 느껴질 수 있다. 그리고 부모는 어느 순간, 어디선가 큰 실수를 했을지도 모른다는 생각, 한 부분 혹은 여러 부분에서 양육 방식을 잘못 선택했을지도 모른다는 생각과 마주해야 한다. 더 최악의 상황은 양육과 부모로서의 돌봄이 아무런 힘을 발휘하지 못한다는 사실을 받아들여야 하는 때다. 불행, 혼돈, 절망에 사로잡힌 기분 또한 성인이 되는 과정이다. 이 과정 없이 어떻게 어른이 되는 길을 찾을 수 있겠는가.

아이를 키우는 일이 심한 스트레스라면, 그리고 수면도 부족해지고 외모를 가꾸는 일도 포기해야 하고 자아실현이나 인간관계에도 도움이 안 되면서 짜증만 나고 돈은 많이 드는 일이라면, 왜 사람들은 아이를 낳아 기르는 걸까? DNA를 남겨야 한다는 본능 때문인가? 정부에서 제시하는 삶의 순환 과정에 가정을 꾸리고 아이를 낳는 것이 포함되어서인가? 인간이란 자신의 핏줄을 잇고 싶어 하는 무리 동물이라서 그런 걸까? 남들이 모두 가정을 꾸리고 자식을 낳아서인가? 그렇게 배웠고, 늘 그래왔기 때문인가? 별다른 선택지가 없어서인가?

사람이 핵가족이라는 깨지기 쉬운 관계를 구축하는 이유를 이성적으로 설명할 방법은 없다. 아마도 가까운 누군가가 있었으면 하는 막연한 바람, 사랑받는다는 확신, 한 명, 두 명 혹은 세 명의 타인을 위해 운명만큼 중요한 사람이 되고 싶다는 소망 때문인지도 모른다. 가족들이 모두 여행을 떠나고 혼자 남아 집을 지켜본 적이 있는 사람이라면 고요함과 몇 시간 동안 연속해서 영화나 드라마를 본 다음의 허무함, 그리고 무엇보다도 도저히 채워지지 않는 빈자리를 느껴보았을 것이다.

4장   집 밖에서 상식 있게
행동하려면

우리가 걷는 도로 위의 분위기는 우리 스스로 결정한다.
즉 길에 있는 가로수 아래에 쓰레기와 유리조각이 어지럽게
널려 있을지, 아니면 공원의 벤치가 이웃과 편안하게
이야기를 나눌 수 있는 장소가 될지 그 모든 분위기는
우리가 조성하게 된다.

도시 한 바퀴

이것은 눈에 잘 띄지 않고, 대부분 회색 콘크리트로 되어 있으며, 어떤 때는 너무 좁고, 녹색이 너무 적고, 갑자기 사라지기도 한다. 우리가 매일 이용하는 보도 말이다. 보도는 수수하고 심지어 초라하기까지 한 모습과 달리 공개적인 곳에서 인간이 할 수 있는 모든 행동이 벌어지는 아주 멋진 공간이다.

보도는 단순히 콘크리트나 아스팔트로 된 평면이 아니다. 무대일 수도 있고, 친구와 만나거나 수다를 떠는 작은 광장일 수도 있다. 보도는 노숙자나 할 일 없이 빈둥대는 사람, 흡연자, 기부나 헌금을 원하는 사람, 개를 데리고 다니는 사람, 끊임없이 떠들어대는 사람이 마주치는 공간이다. 적극적으로 스스로를 드러내는 사람이든 소극적으로 숨는 사람이든 보도 위에서는 누구나 똑같다. 보도 위에서 우리는 걸어야 한다. 자동차나 전철, 버스, 자전거를 탄 채로 집에 곧바로 들어갈 수 있는 사람은 없기 때문이다. 그래서 누구나 단 몇 미터라도 보도를 이용할 수밖에 없다.

어떤 사람들은 서둘러 걷고, 어떤 사람들은 느릿하게 걷고, 어떤 사람들은 데이트를 즐기며 걷는다. 어차피 다리가 저절로 움직이기 때문에 걸으며 얼마든지 이야기를 나눌 수 있다. 걸으면서 이야기할 때는 상대방과 눈을 마주치지 않는다. 1미터를 걸을 때마다 새로운 것들이 눈에 들어오고, 그것을 주제로 또 새로운 이야기를 해야 하기 때문이다. 그리고 눈을 마주치지 않으면 갈등을 풀기에도 더 좋다.

마치 화음이 어우러지듯이 타인과 함께 걷기에 딱 좋은 박자를 찾으면 유대감이 생겨난다. 새로운 도시에 갔을 때는 걷는 것만큼 그 도시를 잘 알 수 있는 방법은 없다. 새로운 곳에서 걸으면서 구석구석 관찰하고, 냄새 맡고, 둘러보고, 친근해질 수 있기 때문이다.

공공장소는 모습과 행동이 계속해서 바뀌는 '나'라는 존재가 나타나는 무대다. 쓰레기를 버리러 갈 때는 편안한 옷을 입고 무대에 서고, 공연을 보러 갈 때는 영화배우처럼 꾸미고 무대에 선다. 어두운 밤에 집에 돌아올 때는 왠지 무서워서 걸음이 빨라지고, 어떤 때는 커피 잔을 손에 들고 현관문 앞에 서서 이웃과 대화를 나누기도 한다.

우리가 우리의 존재와 외양과 행동으로 현재 머무는 공간에 영향을 미치듯이, 현관이나 강가, 작은 공원, 노점상 등도 우리에게 영향을 미친다. 익숙하고 안전한 장소는 우리에게 정체성과 안정감을 주고, 우리의 기억을 보존하며, 생활 터전에 있다는 것이 어떤 느낌인지를 알려준다.

공공장소의 가치를 생각한다

대도시에서는 이제 사실상 개인적인 공간을 얻기가 어렵다. 그래서 공공장소는 더욱 가치 있다. 매해 1인당 주거 공간의 크기는 커지고 있지만 대도시에서는 오히려 그 반대다. 대도시의 원룸 크기와 월세를 보면 알 수 있다. 그래서 대도시에서는 공공장소의 역할이 더욱 중요하다.

청소년들은 집에서 친구와 놀 공간이 없다면 다른 곳에서 만나야 한다. 바에서 음료를 한 잔 마시는 데 돈이 너무 많이 든다면 탁구를 치러 가야 한다. 자녀에게 놀이방을 만들어줄 수 없다면 공공장소인 놀이터가 구원의 장소가 된다. 헬스장이 너무 멀다면 근처 초등학교 운동장에서 운동할 수 있다. 도시에 사는 사람들은 전원생활을 하는 사람들에 비해 집은 좁지만 그만큼 다양한 공공장소를 이용할 수 있다.

그런데 도시의 인구밀도가 점점 높아지면서, 같은 공간이 여러 가지 목적으로 사용됨으로써 발생하는 문제가 점점 늘어나고 있다. 예를 들어 목줄을 제대로 착용한 얌전한 개들이라면 어린이 놀이터에서 놀아도 될까? 성인이 어린이 놀이터에서 근력 운동을 해도 될까? 조깅하는 사람들은 서로 어느 정도의 거리를 유지하고 뛰어야 할까? 개에게 줄 간식이 없는데도 개를 산책시키는 사람에게 말을 걸어도 될까? 코로나 시국에 마스크를 쓰지 않은 사람들을 나름의 이유가 있을 거라고 이해해야 할까?

언제 에너지를 쏟아부어 적극적으로 나서야 하고, 언

제 주변 사람들을 하나하나 관찰하며 감시해야 할까? 우리는 언제 위험에 처하고 언제 위험에서 벗어날까? 우리가 도시에서 겪는 갈등은 작은 것일 수 있다. 하지만 우리는 그것을 사소하게 여겨서는 안 된다. 사실 사람들은 레바논 베이루트의 항구에서 벌어진 폭발 사고보다 공원에서 개똥을 치우지 않은 타인에게 더 크게 분노하기 때문이다. 공공장소와 개인의 정신 위생은 얼마나 많은 부정적 에너지를 견디고 있는가?

나는 자전거를 타고 인도에 침범하면서, 자전거 도로를 침범해 자동차를 잘못 주차해놓은 차주를 욕해도 될까? 공원에서 라일락꽃을 꺾고 있는 사람에게 다가가 당신의 개인적인 재미 때문에 다른 사람들이 피해를 본다고 용기 있게 이야기해야 할까? 우리에게 길에 껌을 뱉거나 가로수의 가지를 꺾어 집으로 가져가는 등의 나쁜 행동을 할 권리가 있을까? 그렇다면 모두가 한 번쯤은 불량한 행동, 불법적인 행동을 할 권리가 있는 걸까? 애초에 담배꽁초를 거리에 버린 사람을 욕하기보다는 그냥 조용히 버려진 담배꽁초를 주워서 쓰레기통에 넣는 것이 더 나은 해결책이 아닐까?

SNS가 우리가 되고 싶은 이상적인 모습을 드러내는 공간이라면, 길거리는 우리가 진짜 모습을, 사회의 나머지 일원들과 맺고 있는 관계와 그 속에서의 행동을 보여주는 공간이다. 길거리에서 우리는 관찰자나 댓글을 다는 사람이나 사진을 보정해 올리는 사람이 아니라 전체의 일부분에 속한 행위자다. 공공장소에서 우리는 모두 특정한 태도를 취해야 한다. 기차에 타고 있는데 친구가 전화를 해서 도움을 요청할 때, 계속 통화를 해도 될까? 주차할 곳이 한 군데도 없으면 어디로 가야 할까? 자동차가 한 대도 없다면 빨간불이 켜진 횡단보도를 자전거를 탄 상태로 재빨리 건너도 될까?

도로의 분위기는 우리가 정한다

우리는 매일 이런 종류의 선택의 기로에 선다. 때때로 정답과 오답은 없고 그저 개인의 이익이나 날씨, 스마트폰의 배터리 상태, 자전거 도로에 주차한 차주, 신호 규제, 잘못 고른 신발에 따른 결과만이 있을 뿐이다. 도로 위에서 갖가지 이상한 사건이 벌어지는 이유는 '나는 규칙과 규범을 준수하는 모범 시민'이라는 자부심이 지나치게 강하고, 또 사람들이 그렇게 행동하기 때문이다. 그래서 공공장소에서 사람들은 함께 살기보다는 법 준수를 지향하며 소통한다. 그런데 또 한편으로는 규범과 규칙이 거의 통제되지 않고, 많은 사람들이 규범과 규칙이 있다는 것을 알면서도 대충 넘기는 바람에 매일 수많은 마찰이 발생하기도 한다.

우리가 가끔 표출하는 작은 자유가 언젠가는 자유주의 사회를 위험에 빠뜨린다. 만약 사람들이 계속해서 규칙을 어긴다면 경찰이나 강력한 통제, 무거운 처벌을 원하는 목소리가 점점 더 커질 것이다. 개똥을 치우지 않는 사람이 많아지면 개를 키우는 사람들에 대한 다른 사람들의 분노가 더욱 커지고, 분노한 사람들의 요청이 거세지면 정부로서는 많은 사람들이 원하는 감시나 처벌을 강화할 수밖에 없다.

공공장소는 우리에게 아주 중요하고 큰 가치를 지닌 곳이라는 사실을 늘 염두에 두어야 한다. 공공장소는 우리 모두에게 속해 있고, 우리 모두가 책임져야 하는 장소다. 우리의 행동이 타인의 행동에 영향을 미치며, 우리는 함께 모여 같은 목소리를 낼 수 있고 서로 얽혀 함께 살아갈 수 있다. 혹은 그러지 않을 수도 있다.

우리가 걷는 도로 위의 분위기는 우리 스스로 결정한다. 즉 길에 있는 가로수 아래에 쓰레기와 유리조각이 어지럽게 널려 있을지, 아니면 공원의 벤치가 이웃과 편안하게 이야기를 나눌 수 있는 장소가 될지 그 모든 분위기는 우리가 조성하게 된다. 잠깐 빵만 사고 나오면 되니 자동차를 인도에 걸쳐 대충 세워두면 시간을 절약할 수는 있겠지만 그 대가는 유모차를 끌거나 휠체어를 타고 길을 지나가는 사람들이 치러야 한다.

자동차 경적을 울리거나 차창을 내리고 손가락 욕을 하는 것은 절대 일반적이지 않은 행동이다. 자신이 자동차 안에 있어서 안전하다고 생각하기 때문에 할 수 있는 행동이며, 불필요하게 공격성을 높이는 행동일 뿐이다. 강가, 대중교통, 어린이 놀이터는 안전하고 깨끗한 장소여야 한다. 그러니 모두가 불편을 조금 감수하고, 분노를 참고, 시간을 절약하고 싶다는 마음을 억누르고, 다른 사람들과 함께하는 삶을 고려해야 한다. 내면의 악함보다 선함을 드러내고 싶다면 모든 사람이 매일 자비, 미덕, 친절을 지향해야 한다. 때로는 그냥 웃고 넘기거나 받아들이고, 다른 사람들과 협력해 시민의 용기를 보여야 한다.

이웃 관계에서

지켜야 할 미덕

이웃을 둘러보면 내 아이가 앞으로 어떻게 자랄지 알 수 있다는 오랜 격언이 있다. 나이가 들수록 그 말이 사실로 증명되는 것 같다. 당신의 이웃을 보면 당신이 어떤 사람인지 알 수 있다. 이웃이 어떤지에 따라 이것이 좋은 소식일 수도, 나쁜 소식일 수도 있다. 하지만 운명에 순응할 필요는 없다. 삶의 방식만으로 DNA를 바꿀 수 있다면 이웃 분위기가 좋기를 바라야겠지만. 이웃 간에는 원치 않더라도 공동체를 형성해야 하는데, 만약 가까운 이웃에게 관심이 없거나, 그들과 사이가 좋지 않다면 조금 먼 지역의 친절한 이웃과 친해지고 이야기를 나누면 된다. 누구에게나 그럴 자유는 있다.

이웃이 내 인생에 미치는 영향이 그리 크지 않다고 하

더라도, 장 본 물건을 낑낑거리며 옮기고 있을 때 공동현관 문을 잠깐 잡아주는 이웃에게는 누구나 고마움을 느낄 것이다. 우리는 친절하게 인사하는 이웃, 택배를 대신 맡아주는 이웃, 급하게 필요할 때 계란을 빌려주는 이웃이 될 수 있다. 어쩌면 내 인생에 별로 중요하지 않으리라 생각했던 이웃과 친구가 될 수도 있다.

이웃과의 친목 관계는 실제 친구와의 관계만큼이나 중요하다. 이웃에게 연인과의 문제나 직장 문제를 상담할 필요는 없지만, 밀가루 약간이나 급하게 필요한 전기톱을 빌려달라고 말하거나, 잠깐 아이를 봐달라고 부탁할 수는 있다. 이런 일들은 우리의 일상에서 매우 중요하다. 사소한 도움, 우편물 대리 수령, 여벌의 열쇠 맡아주기, 정원에서 수다 떨기, 급한 일이 생겼을 때 고양이 밥 대신 주기 같은 일들을 부탁하거나 함께 나눌 수 있는 이웃의 존재는 새벽 3시에 울면서 전화해도 받아줄 친구가 있다는 사실을 아는 것만큼이나 정신건강에 도움이 된다.

우리는 진심으로 사랑하는 사람이나 가장 친한 친구를 감정에 따라 선택한다. 마찬가지로 함께하는 삶을 위해서는 가까운 이웃과 사회적인 관계를 맺어야 한다. 코로나 팬데믹 때문에 혼자 혹은 가족하고만 지내야 했을 때, 우리는 모두 이런 예외적인 상황이 정신건강에 어떤 영향을 미치는지 똑똑히 깨우쳤다. 매일 똑같은 음식만 먹으면 특정한 비타민이 결핍될 수 있듯이, 주변 사람들과 교류하지 않으면 아이의 축구 시합을 보러 갔을 때 같이 이야기할 상대가 없을 것이다.

문제

이웃 간에는 자연스럽게 문제가 발생할 수밖에 없다. 어디선가 시끄러운 소리가 들리면 짜증이 난다. 누가 내 물건을 빌려가고서 돌려주지 않으면 짜증이 난다. 다른 이웃에 대해 안 좋은 소리를 하는 이웃이 자신은 집 앞에 물건을 너저분하게 늘어놓아 다른 사람의 통행을 방해하고 있다면 '당신도 마찬가지잖아'라며 짜증이 난다. 그 원인이 반려견이든, 아이들이든, 담배든, 너무 많은 물건이든 여러 사람이 모여 사는 공간에서는 마찰이 발생할 수밖에 없다.

갈등이나 마찰을 피하기는 어렵겠지만, 적어도 성인들 간의 이성적인 대화를 통해 품위 있게 해결할 수는 있다. 반상회에 한 번이라도 가본 적이 있다면 알겠지만, 주차 공간이나 심지어 자전거를 세우는 공간 때문에도 자주 다툼이 일어난다. '아이들이 공용 공간에 분필로 낙서를 해도 되는가'라는 안건이 등장하면 그 문제는 15분 동안 이 세상에서 가장 긴급하고 중요한 문제가 된다.

사실 갈등이 없으면 공동체가 잘 돌아가지 않을 때도 있다. 나중에 다들 아무렇지 않게 일상으로 돌아갈 수 있으려면 모든 사람이 분노와 거리를 두고 스스로를 진정시킬 줄 알아야 한다. 그래야 다음 날부터 다시 이웃이 커다란 자전거를 끌고 있을 때 공동현관문을 잡아줄 수 있다. 주변 사람들에게 부드럽게 대할수록(책임 전가나 욕설을 하지 않고) 갈등이 생겨도 금방 해결될 가능성이 높아진다.

그런데 때로는 너무 가깝게 지내는 것이 오히려 독일 수 있다. 사회 통제(여기서는 사회나 사회 내의 특정 집단이 하위 집단이나 개인을 복종시키려는 수단과 과정을 말한다—옮긴이)의 힘은 오늘날 눈에 띄게 줄어들었지만 이웃집과 우리 집 사이의 벽은 생각보다 얇을 수 있기 때문이다. 가족 간의 싸움이든, 성관계든, 소비습관이든 때때로 이웃들은 나에 대해서 상담심리사나 인터넷 쇼핑몰 알고리즘보다 더 잘 알고 있을지도 모른다.

문제가 발생했을 때 내 권리를 주장하다가 이웃과의 사이가 틀어져 일상이 지옥으로 바뀌는 것보다는 그냥 참고 넘어가는 편이 더 나을 때도 있다. 누구나 가까운 곳에서 '트러블 메이커'를 겪어본 적이 있을 것이다. 이들의 문제 해결 전략은 수동공격적인 행동, 권위적인 편지나 대자보, 점점 깊어지는 인간 혐오다. 이때 도움이 되는 것은 사회적 거리두기나 모든 것은 업보라는 굳은 믿음, 함께 웃으며 트러블 메이커에 대해 이야기를 나눌 수 있는 아군이다. 이웃 때문에 지나치게 스트레스를 받는다면 모든 것을 그냥 웃어넘기거나 이사를 가는 수밖에 없다.

어떻게 해야 더 나아질까?

이웃 간에 작은 선물을 나누면 관계가 돈독해진다. 휴가를 떠나면서 자신이 키우던 꽃을 이웃에게 선물해도 좋고, 이웃이 계란을 빌려달라고 한다면 흔쾌히 그냥 주는 편이 좋다. 어차피 빌려준 음식을 되돌려 받을 길은 없기 때문이다. 쿠키가 너무 많다면 이웃에 사는 할머니께 나눠 드려도 좋고, 아이에게 너무 작아진 옷은 팔기보다는 이웃 중 필요한 사람에게 그냥 주면 좋다. 집에서 파티를 한다면 이웃도 모두 초대해보자. 이웃이 음악 소리가 너무 크다고 항의한다면 사과하고 음악 소리를 줄이면 된다. 여러 집이 가까이 붙어 있어 소음 문제가 발생하기 쉬운 환경이라면, 굳이 성대한 생일 파티를 하며 모든 이웃에게 폐를 끼칠 필요는 없다. 모두가 자신의 권리만 주장한다면 더 이상 집에서 조용히 쉴 수 없을지도 모른다.

어떤 이웃들은 1년에 한 번씩 공용 공간에 모여 즐거운 시간을 보내고, 어떤 이웃들은 서로의 집에서 함께 식사하고, 어떤 이웃들은 크리스마스이브를 함께 보낸다. '집에 있기를 좋아하는 사람들이나 소도시에 사는 사람들만 그러는 거 아냐?'라는 생각이 들지도 모르겠지만, 이웃 사람을 그저 계속해서 꽥꽥 소리를 질러대는 10대 아이의 아빠로만 아는 것보다는 친절하고 고기를 잘 구우며 소스도 잘 만드는 사람으로 아는 것이 더 좋지 않을까? 같은 동네에 사는 사람들끼리 단체 대화방을 만들면 가끔 동네에 들르는 출장 칼갈이 업자나 유리 업자가 언제 오는지 정보를 공유할 수 있고, 급하게 필요한 물건이 있을 때 빌릴 수도 있다. 큰 물건을 잠시 밖에 놔두어야 할 때는 이웃들에게 양해를 구하고 공공장소에 잠시 놔둘 수 있고, 남의 집 앞에

멋대로 주차하기보다는 얌전히 우리 집 앞에 주차하는 편이 좋다. 이웃 관계는 하루아침에 사라지는 관계가 아니다. 오랜 시간을 함께할 관계라면 언제든지 여러 사람이 모여 규칙을 정하고 그것을 준수할 수 있다.

길을 걸으며

지켜야 할 미덕

보행자는 길에서 움직이는 것들 중 가장 작은 단위이며, 보행자의 이동 형태는 가장 인간적인 모습이다. 제동 거리나 최소 회전 반경을 신경 쓸 필요도 없다. 보행자는 자신이 감당할 수 있는 속도로만 움직인다. 또 보행자는 누구도 상처 입히거나 죽이지 않고, 남을 들이받아 넘어뜨리지도 않고, 가운뎃손가락을 세우거나 욕설을 내뱉거나 경적을 울리지도 않고, 남의 옆을 빠르게 지나쳐 돌진하지도 않는다. 보행자는 익명성이 없고, 다른 사람과 격리된 채 이동하지도 않고, 이동하면서 휘발유를 태워 공기를 오염시키지도 않으며, 소음을 내지도 않는다. 보행자는 아주 얌전하고 조용하게 제 갈 길을 가는 존재다.

보행 또한 나름대로 주변을 신경 써야 하는 이동 방식이지만, 공격적이고 이기적인 자동차 운전자들에 비하면 거의 눈에 띄지 않는다고 할 수 있다. 보행자는 항상 이웃과 함께한다. 어디에 누가 이사를 왔는지, 어느 집에 어떤 개가 살고 있는지, 문구점이 문을 닫은 이유는 무엇인지를 전부 알고 있다.

보행자가 많은 곳일수록 삶의 질 또한 높은 곳이다. 이를 소위 워커빌리티walkability라고 한다. 병원이든 아니면 다른 일상생활에 필요한 곳이든, 모든 공공장소에 걸어서 빨리 도달할 수 있다는 것은 그 도시가 계획적으로 잘 짜여 있으며 많은 사람이 함께 모여 살기 좋은 곳이라는 뜻이다. 보행자는 도로 교통의 편리함을 알려주는 지표다. 주변 환경이 안전하고 깨끗해야만 보행자의 수가 늘어날 수 있고, 보행자의 수가 늘어날수록 주변은 물론 교외까지 살기 좋은 곳이 된다.

보행자는 움직이는 사상가들이다. 걸을수록 기분이 좋아지고 건강해지며, 걷기는 관절이나 혈액 순환에도 좋고 생각을 정리하는 데도 도움이 된다. 보행자는 대부분 조용하고 방어적이며 예의 바르다. 자동차에 탄 사람처럼 금속 철갑으로 보호받지도 않고 자전거를 탄 사람처럼 빠르게 움직일 수도 없기 때문이다.

문제

오랜 시간 동안 많은 사람들이 보행자를 무시했다. 보행자는 학생이거나, 경제적으로 궁핍해 교통비가 없거나, 운전면허를 반납한 노인들이 대부분이라고 생각하는 사람이 많았다. 운전자들은 자동차를 타고 이동하는 자신들과는 공통점도 없고, 자신들이 굳이 신경 써야 하는 존재도 아니라며 보행자를 깔보았다. 또한 보행자들의 무욕無慾과 독립성은 자본주의적 구조를 갖춘 사회에서 눈엣가시였다. 사회로서는 보행자들에게 특정한 지위를 약속함으로써 돈을 뜯어내지 못하기 때문이다. 보행자들은 신발 한 켤레 외에는 특별히 소비할 것도 없으니 경제적으로나 정치적으로나 무시당했다. 보행자들은 점차 자동차 통행에 가려져 존재감이 흐릿해졌다.

사실 모든 도시는 애초에 보행자들을 위해 설계된 것이지만, 곧 대부분이 자동차 친화적인 곳이 되었다. 그래서 보행자들은 황량한 콘크리트 길을 걸어야 하고, 이상하게 주차된 자동차를 빙 둘러 돌아가야 한다. 어떤 때는 너무 좁은 길을 거대한 자동차가 가로막고 있어서 위험천만하게도 차도로 내려가 걸어가야 할 때도 있다. 장애인이나 노약자 친화적인 배리어 프리barrier free 도로는 꿈조차 꾸지 못한다. 장애물이 없고 견인될 위험이 없는 곳에는 어디든 자동차가 주차돼 있기 때문이다. 전동 킥보드 또한 보행자들의 길을 가로막거나 심지어 장애물처럼 여기저기 널려 있다. 자전거 도로가 부족해서 인도로 올라와서까지 자전거를 타고 달리는 사람들은 보행자를 위협하며 바로 옆으로 지나다닌다.

주차 금지 구역에 주차한 사람, 전동 킥보드, 공사 안내 표지판, 카페의 야외 테이블과 의자 등 여러 가지 장애물 때문에 보행자들이 걸어 다닐 길은 점점 좁아지고 있다. 자전거 타는 사람들의 권리는 점점 강해지는 반면, 보행자의 권리는 누구의 관심도 받지 못한다. 보행자들이야말로 그 도시가 얼마나 살기 좋은 곳인지를 여실히 보여주는 지표인데도 말이다.

어떻게 해야 더 나아질까?

보행자들이 걸어 다님으로써 할 수 있는 일에 대한 인식이 매우 부족하다. 걸어 다니면 활동이 늘어나고 몸을 건강하게 유지할 수 있다. 보행자는 이동 방식으로 누구에게도 해를 끼치지 않는다. 제동 거리도, 주차 공간도 필요 없다. 자전거를 타는 사람들의 권리가 신장되는 만큼 보행자들도 순수한 시민이라는 점이 잊혀서는 안 된다.

다행히 요즘에는 보행자들의 권리에 귀 기울이는 사람이 늘었다. 자전거 타는 사람과 보행자를 철저히 분리하고 배리어 프리 도로를 만들고 어린이들의 안전을 지키려면 "학교 앞, 천천히"라는 소극적인 표지판만으로는 불충분하다. 모든 사람이 당연하다고 생각해야만 현실이 될 수 있는 일들이기 때문이다.

안타깝게도 아직 해답은 보이지 않는다. 어쨌든 스스로의 권리를 주장하고 입지를 확고히 하려면 시민 활동에 적극 참여해야 한다. 교통 안정화, 주차 공간의 생활공간 및 도심 농장으로의 용도 변경 등은 시의성이 있고 감정적인 주제다. 이를 지지하는 사람들과 활동가들은 어디에나 있다. 공공장소를 변화시켜 새로운 방식으로 구획을 나누고, 녹지를 더하고, 더 인간적으로 만들고자 하는 노력은 점점 늘어나는 추세다. 공공장소를 자신이 상상한 방향으로 바꾸거나, 적어도 집 앞 공간을 자신의 책임하에 관리할 기회는 누구에게나 있다.

자전거를 탈 때

지켜야 할 미덕

자전거 타기는 아주 좋은 운동이자 환경 보호에도 도움이 되는 행동이다. 게다가 복잡한 도심에서 4킬로미터 정도의 거리를 이동해야 할 경우, 자전거가 가장 빠른 교통수단이다. 주차할 자리를 찾거나 정체를 겪을 필요가 없기 때문이다. 또 자전거를 타고 달리면 별도의 비용이 들지도 않고 배기가스를 만들어내지도 않으니 환경에 좋다.

이런 실용주의 관점을 제외하고 보더라도 자전거 타기는 재미있으니 좋은 것이다. 자전거를 타고 달릴 때 맞바람이 머리카락과 얼굴, 몸을 스치는 기분도 좋고, 길에서 아는 얼굴을 만나면 잠시 자전거를 멈추고 이야기를 나눌 수도 있으니 좋고, 눈에 띄는 가게를 발견했을 때 잠시 자전거를 세워두고 들를 수 있으니 좋다. 자전거는 조용하고, 환경 친화적이고, 빠르고, 무엇보다도 이용자가 여전히 도시의 일원으로서 기능하도록 하는 교통수단이다. 즉 자전거는 건강과 환경 보호와 실용성을 모두 결합한, 유용하면서도 아름다운 것이다.

문제

그러나 자전거를 타는 사람들은 여전히 도로 교통에서 소외되고 있다. 이미 도로 교통과 관련된 예산을 책정할 때부터, 길의 구획을 나눌 때부터 자전거를 타는 사람들은 그리 심각하게 고려되지 않는다. 심지어 자전거를 탄 사람이 자동차와 부딪혀 사고가 났을 때도 자전거 탑승자에게 책임을 전가하는 경찰의 차별적인 발표 내용("자전거 탑승자가 화물차 앞으로 돌진")이 눈에 띈다. 한편으로 일부 지자체에서는 자전거 친화적인 도시를 만들고자 도시 계획을 바꾸거나 공공자전거를 도입하기도 했다. 자전거 애호가들에게는 매우 느린 변화겠지만, 어쨌든 변화가 일어나고 있는 셈이다.

아마 20년 후 우리는 현재 우리가 담배를 바라보는 것처럼 도심을 달리는 자동차를 바라볼지도 모른다. 도심에서 배기가스를 내뿜는 기계를 보며 우리는 자동차 회사나 운전자에게, 그리고 사회에 불쾌함을 느끼고 차가운 시선을 보낼지도 모른다. 하지만 그렇게 되기 위해서는 몇 가지 할 일들이 남아 있다.

자전거를 타는 사람들 측에서도 마찬가지다. 임시 자전거 도로(해당 장소에 영구적인 자전거 도로를 만들어도 되는지 알아보기 위해 임시로 설치한 자전거 도로를 말한다─옮긴이)나 외곽도로에서 자전거 탑승자들은 선택의 기로에 선다. 보행자처럼 행동해야 할까, 아니면 바퀴가 두 개인 자동차에 탄 것처럼 행동해야 할까?

도시의 일원이고 싶은가, 아니면 나를 방해하는 모든 것이 사라지길 바라는가? 겨우 5분 일찍 목적지에 가려고 보행자들을 위협하고 어린아이들이 자전거를 피해 인도 가장자리로 걷도록 하고 싶은가? 자전거 통행을 더 편리하게 만들기 위해 자전거를 보행자, 아이들, 그리고 자전거를 방해물로 여기는 자동차처럼 보행자들과 분리해서는 안 된다. 자전거를 탈 때 앞에 가는 보행자에게 벨을 울리는 것은 자동차의 경적을 울리는 것만큼이나 불쾌하고 무신경한 행동이다. 보행자들은 방해물이 아니라 사람이다. 그리고 억지로 사람들 사이를 비집고 지나감으로써 얻을 수 있는 30초는 시간 절약이 아니라 도시 전체의 심리상태를 위협한 결과물이다.

배려와 규칙 준수는 다르며, 둘 다 필요하다. 자전거를 타는 사람들도 보행자와 마찬가지로 매일 도로에서 자동차의 경적이나 시끄러운 기계 등에 위협당하고 무시당한다. 그런데 자전거를 위한 인프라가 아직 많이 부족한 수준이라고 해서 그 보상심리로 규칙을 준수하지 않아도 되는 것은 아니다. 자전거 탑승자들이 지켜야 할 규칙(다른 자전거를 추월할 때는 2미터 정도의 간격을 벌려야 한다 등)은 코에 걸면 코걸이, 귀에 걸면 귀걸이 식으로 마음대로 해석해 적용하라고 만들어진 것이 아니다.

어떻게 해야 더 나아질까?

모든 자전거 탑승자가 도로 교통에서 어느 정도의 부분을 차지하고 싶은지 스스로 결정해야 한다. 조금씩 나아지고 있는 인프라를 이용하며 소극적으로 스스로의 존재를 주장하고 싶은가, 아니면 정당이나 시민단체 등에 적극적으로 가입해 활동하고 싶은가? 어느 쪽이든 상관없으니 스스로 할 일을 결정하면 된다. 다만 자전거를 탔다고 해서 다른 사람들에 비해 더 많은 권력이 생기는 건 아니라는 점을 기억해야 한다. 시민들은 누구나 자동차를 타고 자유롭게 이동할 수 있지만, 그렇다고 고속도로에서 난폭운전을 하면 안 된다. 자전거를 탈 때도 마찬가지다. 한편으로는 차별받고 무시당하는 자전거 탑승자들이 그보다 더 차별받고 무시당하는 사람들에 비해서는 혜택을 받고 있을지도 모른다. 우리가 도로 위에서 보고 싶은 것은 갈등과 다툼이 아니라 같은 사회의 구성원으로서 발전하는 우리들이다.

자동차를 탈 때

지켜야 할 미덕

자동차에는 수많은 불만사항이 따라다닌다. 정체, 배기가스, 기후변화, 못생긴 금속 외관, 주차 공간 등이다. 그럼에도 우리가 자동차를 타는 이유는 모든 단점을 상쇄하고도 남는 장점 때문이다. 자동차를 타면 우리는 목적지로 빨리 이동할 수 있다. 이동하는 동안 불쾌한 일로 얼굴을 찡그릴 필요도 없고, 짜증나는 이웃과 마주칠 일도 없다. 자동차만 있다면 원하는 아름다운 도시에 살며 다른 도시에서 일할 수도 있다. 통근을 하면 돈도 벌 수 있고 가족이나 친구와의 관계를 망칠 일 없이 질 좋은 삶을 누릴 수도 있다. 지난 수십 년 동안 우리가 사는 도시가 아주 단순한 구조로 변하고 대중교통 수단은 교외와 도심을 연결하는 역할만 하게 되면서 자동차는 일상을 효율적으로 살기 위한 전제조건이 되었다.

사실 자동차의 의미는 더 크다. 자동차는 특히 나이든 사람들에게는 자유, 친밀함, 실용성, 그리고 삶의 질의 총체다. 개를 데리고 이동하거나, 짐을 옮기거나, 가족과 움직이거나, 주말에 먼 곳으로 나들이를 갈 때 자동차 없이는 아무것도 할 수 없다. 많은 사람들이 자동차를 소중하고 감정적인 존재로 생각한다. 자동차는 번개 같은 자연현상뿐만 아니라 도로 교통에서 발생하는 위험한 순간으로부터 우리를 보호한다.

또 자동차는 탑승자의 사회경제적 지위를 나타내는

상징이기도 하다. 이 점은 그리 중요하지 않지만, 인간이란 허영심 있는 존재이니 어쩔 수 없다. 인간은 늘 이웃이나 주변 사람들보다 조금이라도 더 나은 상황에서 살기를 원한다. 이 사실이 우스울 수도 있고 아닐 수도 있지만 어쨌든 변하지 않는 점이 있다. 자동차는 단순한 이동수단이 아니라 의사소통 방식이자 정체성을 드러내는 도구다.

문제

사실 자동차에는 별 문제가 없다. 자동차가 여러 대 모여 있어도 문제는 없다. 문제는 모터가 달린 개인의 이동수단인 자동차가 우리 사회에서 갖는 힘과 차지하는 범위다. 개개인에게 자동차란 실용적이고 편리한 물건이지만, 내가 사는 독일의 경우 결과적으로 운전자들이 1년 중 46시간을 정체 속에서 보내고, 공기를 오염시키고, 자연을 훼손하고, 1년에 대략 20만 건의 사고와 2,000명의 사망자를 내고 있다. 인도에 제멋대로 주차된 자동차는 유모차와 휠체어, 쓰레기 수거차, 소방차 등의 통행을 방해하고 어린이와 자전거 탑승자를 위험에 빠뜨린다. 제대로 된 주차 공간에 주차된 자동차들 또한 주차장이라는 공간을 만드는 데 필요한 땅을 차지하고 있는 셈이다. 주차장으로 쓰이지 않았다면 시민들의 여가와 공공시설과 상업 활동에 쓰였을 수도 있는 공간이다.

자동차로 인한 비용도 만만치 않다. 여기서 말하는 비용에는 자동차 운전자뿐만이 아니라 사회가 지불하는 비용도 포함된다. 독일의 철도교통 로비조직인 알리안츠 프로 쉬네에 따르면 자동차를 위한 인프라, 사고 처리, 의료비, 환경 보호 비용 등이 매년 1,410억 유로 정도 든다고 한다. 쉽게 받아들일 수 없는 비용이다.

우리에게는 변화가 필요하다. 남은 방법은 많지 않다. 우리는 자동차를 더욱 똑똑하게 만들어야 하고, 무엇보다도 자동차 사용을 줄여야 한다. 그 결과는 환경이나 자전거 탑승자뿐만 아니라 운전자에게도 큰 도움이 된다. 자동차를 이용하는 사람이 줄어들면, 꼭 필요할 때 자동차를 이용한 운전자가 주차할 자리를 쉽게 찾을 수 있다. 자동차가 줄어들어 공기가 좋아지면 모든 사람이 행복하고, 자녀의 등하굣길을 걱정할 필요가 없으면 안심이 되고, 주차 공간의 용도를 바꾸면 도시의 녹지가 늘어난다.

자동차 운전자가 자동차라는 자신만의 공간에 들어간

개인이 아니라 다시 전체의 일원이 된다면 바람직한 일이다. 그러나 이 과제를 해결해야 할 교통부는 자동차 회사로부터 로비를 받고 있다. 자동차 운전자들은 자신의 특권이 줄어들어야 하는 것을 이해하지 못하고, 정치권은 자동차로 인한 여러 문제를 해결할 의지가 없다. 결국 자동차 운전자들은 인생의 소중한 시간을 매일 주차할 자리를 찾는 데 허비하고, 이들의 공격성은 나날이 늘어간다.

어떻게 해야 더 나아질까?

자동차를 금지하는 것이 목표는 아니다. 중형 도시나 도심에 이상적인 환경이 반드시 교외에 사는 은퇴자나 지하철이 없는 곳에 살며 출퇴근하는 노동자에게도 똑같이 적용될 필요는 없다. 이미 수십 년 전부터 자동차 사용이 점점 늘어났고, 이에 따라 백화점에는 지하 주차장이 생겼고, 자동차가 없으면 자녀를 데리고 오고 가거나, 출퇴근을 하거나, 친구를 만나러 가거나, 슈퍼마켓에 갔다 오기가 어려워졌다.

한 가지 분명한 점은 운전자들이 불필요한 자동차(가족 구성원의 수에 비해 많거나, 너무 크거나, 너무 강력한 엔진을 장착한 자동차)를 굳이 구입할 필요는 없다는 것이다. 그리고 모든 운전자는 사소한 교통법규 위반 때문에 엄청난 결과가 초래될 수 있다는 사실, 그 때문에 사고가 났을 때 피해자가 생과 사의 갈림길에 설 수도 있다는 사실을 알아야 한다. 목적지에 빨리 도착하겠다는 일념하에 모든 운전자가 속도를 높인다면 그것은 위험하고 잘못된 행동이다.

자신의 이동 습관을 곰곰이 생각해보자. 어느 정도의 거리라면 자동차를, 어느 정도의 거리라면 자전거를 이용할 수 있을까? 어떤 때는 목적지까지 버스를 타는 편이 훨씬 편하지 않은가? 자전거 탄 사람을 추월할 때 충분히 거리를 뒀는가? 자동차는 강력한 필터버블^{filter bubble}(나의 관심사에 맞게 필터링된 인터넷 정보 때문에 내가 편향된 정보에 갇히는 현상을 말한다―옮긴이)이나 마찬가지다. 이 필터버블에 갇히면 자동차가 얼마나 위험한 무기인지 잘 깨닫지 못한다. 물론 국가의 인프라가 자동차 운전자들에게 이득이 되는 방향으로 발전한 것이 운전자들의 탓은 아니다. 하지만 인프라와 법률 덕에 특권을 누리고 있다면, 자신이 편안한 만큼 다른 사람들이 불편을 겪는다는 사실을 잊지 말아야 한다.

대중교통을 이용할 때

지켜야 할 미덕

자동차를 운전하거나 자전거를 탈 때는 복잡한 게임을 할 때처럼 이것저것 신경 써야 할 일이 많다. 하지만 지하철 등의 대중교통을 이용하면 가만히 있어도 목적지까지 길을 잃지 않고 도착할 수 있다. 지도 앱을 볼 필요도 없고, 시속 30킬로미터 제한 구역에서 신경을 쓸 필요도 없으며, 자동차의 문이 열리지 않았는지 살펴볼 필요도 없다. 대중교통을 이용할 때는 스마트폰을 봐도 되고, 잠을 자도 되고, 저녁 메뉴를 생각해도 된다. 우리가 하루 종일 하는 일들을 뭐든 해도 된다.

버스를 타면 주변 경치도 구경할 수 있다. 사실 대중교통 이용자들이야말로 진정한 도시 계획 전문가다. 우리는 일상생활을 하면서 자신과 같은 생각을 가진 사람, 자신과 같은 의견을 점점 더 많이 접하는데, 그러면 필터버블에 갇히기 쉽다. 반면 대중교통을 이용하면 같은 도시에 사는 다양한 사람을 만나고 그들과 맞춰갈 수 있다.

유모차에 탄 아이와 짜증이 나 보이는 엄마, 스마트폰

만 들여다보며 친구와는 눈도 마주치지 않고 30분 동안 게임 이야기만 하는 학생들, 눈빛이 공허한 알코올 중독자, 낄낄거리는 청소년들, 서류 가방을 뒤지는 회사원. 대중교통을 이용하면 우리가 이 모든 사람과 한 도시에 속해 있다고 느낄 수 있다. 그들과 가까운 이웃이 아니더라도 말이다. 게다가 대중교통 이용자는 경험에 따른 지식이 풍부하다. 이들은 갈등에서 벗어나는 방법을 알고 있으며, 갈등을 피하는 것이 안전하게 목적지에 도달하는 가장 좋은 방법이라는 사실도 알고 있다.

문제

대중교통에서 지옥 같은 것을 꼽자면, 지하철의 같은 칸에 탄 다른 사람들을 예로 들 수 있다. 옆에 앉은 여학생이 긴 머리카락을 쉼 없이 손가락으로 빗어 내리거나, 가까이에 앉은 남학생이 샌드위치를 우적우적 먹거나, 포진이 난 남자가 성대하게 재채기를 하면 신경이 곤두선다. 대중교통 안에서 음악을 크게 듣거나 심지어 춤을 추는 사람도 있다. 누가 쏟아놓은 맥주는 요령껏 피해야 한다. 만원 지하철이나 버스에서는 계속해서 이리저리 밀려야 한다. 난

폭하고 상스러운 언행을 하는 사람도 있고, 다리를 쩍 벌리고 앉는 사람들도 있다. 성차별적인 발언이나 불쾌한 냄새, 지갑을 소매치기 당할 우려, 각종 바이러스에 감염될 우려도 참아야 한다.

게다가 대중교통은 자주 늦는다. 열차가 연착되면 대체 교통수단을 찾아야 한다. 피곤할 때는 대중교통에 몸을 맡기는 편이 좋지만, 차량이 늦게 오거나 만원이라면 할 수 있는 일이 아무것도 없는 상태로 하염없이 기다려야 한다.

어떻게 해야 더 나아질까?

환승의 어려움, 연착, 철도에 발생한 문제, 고장 난 에스컬레이터, 누군가가 노상방뇨를 한 엘리베이터. 지하철을 타며 이런 여러 어려움을 겪더라도 개인이 당장 할 수 있는 일은 없다. 다만 스스로 얌전한 승객이 되면 주변 사람들과도 긍정적인 상호작용을 나눌 수 있고, 출근길을 지옥으로 가는 길로 만들지 않을 수 있다.

창문을 열 수 있는 대중교통을 이용한다면, 여름에는 열고 겨울에는 닫도록 하자. 물론 누구도 창문에 손을 대지 않는 게 가장 좋다. 내가 사는 도시의 미생물군이 많은 사람들에게 해가 되지는 않겠지만, 대중교통의 창문을 수시로 열고 닫는 바람에 1년에 다섯 번이나 감기에 걸려서는 안 되기 때문이다. 그래서 우리는 재채기할 때 남의 얼굴이 아니라 자신의 손이나 팔에 대고 한다. 창문에 입김을 불어 비밀스러운 메시지를 남기는 것도 다소 혐오스러운 행동이니 자제하도록 한다.

버스에 올라타면 곧장 뒤쪽으로 이동해 뒤이어 타는 사람들에게 길을 내준다. 신체 단장은 스스로를 돌보는 긍정적인 행동이지만 집에서 혹은 화장실에서 해야 하는 것이다. 대중교통에서 음식 섭취는 삼간다. 간단하게 사과를 조금 먹는다고 해도 어떤 사람에게는 사과 냄새가 역겨울 수 있고 어떤 사람은 과일이나 음식 냄새 때문에 더 배고파질 수 있다. 더구나 냄새가 강한 음식인 경우 절대로 대중교통 내에서 먹어서는 안 된다.

무겁고 커다란 배낭을 메고 있다면 다른 사람에게 피해가 가지 않도록 조심하자. 대중교통 내에 자리가 많이 비어 있는 상태라면, 굳이 다른 사람의 바로 옆자리에 앉지 않도록 한다. 자리에 앉았을 때 배낭은 발밑에 내려두든지 짐칸에 올려두어야지 옆자리가 비어 있다고 해서 그 자리에 올려놓으면 안 된다. 의자는 사람들이 앉으라고 있는 것이다.

매일 같은 시간대에, 같은 차량에서 만나는 사람들이 있다면 가벼운 목례를 나눠보면 어떨까? 다만 말을 거는 것은 삼가자. 다들 일하러 가는 중이기 때문에 이른 아침 출근길부터 날씨나 주말에 한 일에 대해 이야기하고 싶은 의욕은 없을 테니 말이다. 인스타그램을 하거나 넷플릭스를 보거나 스포티파이로 음악을 듣기보다는 책을 읽거나 창밖을 내다보거나, 아니면 아무것도 하지 말고 멍하니 있어보자. 그 시간 동안 명상을 할 수 있을 것이다.

지금과 같은 코로나 팬데믹 기간에는 마스크를 반드시 착용하도록 하자. 코로나 바이러스는 우리 모두가 같은 사회의 구성원으로서 규칙을 지키면 함께 잘 살 수 있다는 것을 알려주는 존재다. 코로나나 감기, 다른 종류의 질병에 감염되는 것이 두렵지 않더라도 다른 사람들을 위해 공중보건을 지키는 데 힘써야 한다. 그리고 마지막으로, 대중교통을 이용할 때는 제발 사람들이 내린 다음에 타자!

지켜야 할 미덕

지난 40년 동안 도시에서의 삶은 급격하게 변했다. 사실 도시는 오랜 시간 동안 전염병과 오염물이 가득하고 범죄가 끊이지 않는 생존에 불리한 곳이었다. 그러나 환경을 지키려는 노력이 이어지고 젠트리피케이션이 발생하면서 불가능하던 것이 가능해졌다. 이제 대도시의 사람들은 문화, 휴식, 레스토랑, 더 나은 직장, 익명성의 장점, 낮은 범죄율, 잘 정돈된 녹지, 이웃 간의 연결망 등을 누릴 수 있다. 농촌에는 더 이상 남아 있지 않은 것들이다.

어느 순간부터 도시의 사람들은 다시 강물에 들어갈 수 있게 되었다. 원래는 공업화로 인한 각종 화학 물질의 유출로 더러워졌던 강물이 여러 환경 단체의 노력 끝에 다시 깨끗해졌기 때문이다. 연어는 고향으로부터 멀리 떠났다가 번식기가 되면 다시 물살을 거슬러 고향으로 돌아간다. 하지만 인간이라는 존재의 영원한 순환 과정은 이제 끊어지고 말았다. 도시로 나와 살기 시작한 사람들은 거의 대부분 도시에 그대로 남는다. 직장도, 인프라도, 이웃 관계도, 녹지도, 삶의 만족도도 도시에서 훨씬 높기 때문이다. 사람들이 대도시를 떠나는 이유는 오로지 주거 문제 때문이다.

문제

공유지의 비극이란 무엇인지 알고 싶다면 백문이 불여일견이다. 아침 7시에 공원에 나가 쓰레기통을 찾아보면 된다. 사람들이 버린 쓰레기, 심지어 집에서 가져와 버린 가정 폐기물이 어지럽게 널려 있을 것이다.

공유지란 원래 왕에게 속해 있던 목초지로, 모든 농민이 원하는 대로 사용할 수 있는 공간이었다. 그런데 사용 목적을 두고 여러 사람이 다투다가 결국 공유지의 풀을 전부 베어내고 공터로 만들어버렸다. 누구도 그곳을 사용할 수 없도록 말이다. 땅은 망가졌고, 소들은 풀을 뜯지 못해 말라갔다. 공유지가 너무 좁고 사람은 많았으며 모두가 자신의 사리사욕만을 채우려고 했기 때문에 발생한 비극이다. 결국 공유지는 황량한 채로 남아 있었다. 과거 조상들이 공유지를 두고 다퉜듯이 오늘날 우리는 바다와 이산화탄소 배출 등을 두고 다툰다. 언젠가 슬픈 결말을 맞이하게 될지도 모른다.

도시의 이런 문제를 어떻게 해결해야 할까? 쓰레기 수
거 차량의 수와 관련 예산을 늘리고, 쓰레기통에 유머러스
한 글귀를 붙여 사람들의 각성을 촉구할 수 있다. 또 쓰레
기통의 크기를 키워 술에 취한 사람들이 어두운 밤에도 쓰
레기통을 잘 찾을 수 있도록 할 수 있다.

하지만 이런 방법을 시도한 도시들도 문제 해결에 성
공하지는 못했다. 그런데 함부르크는 한 가지 방법을 찾았
다. 공유지에 쓰레기를 버리면 엄청난 벌금을 물도록 한 것
이다. 효과는 굉장했다. 포괄적이지 않은 작은 범주 내에서
질서 위반을 통제해야 한다면, 벌금이나 벌칙의 수준이 높
아야 한다. 목격될지도 모른다는 위험만으로도 사람들이
행동을 조심하기 때문이다.

쓰레기 투기는 도시의 미관뿐만 아니라 자연 환경까지
해치는 행동이다. 무심코 버린 담배꽁초가 지하수를 오염
시키고, 길에 버린 고철이 언젠가 바다까지 흘러갈지도 모
른다. 바다로 흘러간 플라스틱 폐기물은 미세플라스틱이
된다. 일상의 무신경함을 벗어던지려면 경찰, 청소부, 환경
미화원이 책임지고 쓰레기 문제를 해결해야 한다는 생각에

서 먼저 벗어나야 한다. 우리는 건강한 인지 능력을 갖추고 당연함에서 멀어지며 자기 책임을 깨달아야 한다. 버려진 병뚜껑이 하나라면 별 문제 없겠지만 8,300만 개라면 큰 문제다.

어떻게 해야 더 나아질까?

지정된 장소에, 정당하게 구입한 쓰레기봉투에 담은 쓰레기를 내다 버리는 것은 비신사적인 행동이 아니다. 모든 사람이 그렇게 쓰레기를 버린다. 정당하게 쓰레기를 버리는 사람을 막을 사람은 없다.

그런데 캠핑을 가거나 야외에서 파티를 즐긴다면 이야기는 달라진다. 숯불구이용 숯은 환경에 좋지 않다. 일회용 그릴은 더욱 좋지 않다. 캠핑용 접시나 점심시간마다 사 마시는 테이크아웃 커피 컵이 점점 개량되면서 많은 사람들이 기뻐했다. 그러나 한편으로는 캠핑, 소풍, 친구와의 만남이 늘어나면서 쓰레기 문제 또한 증가했다. 캠핑장이나 공원에 쓰레기통이 없다면 쓰레기는 다시 집으로 가져가야 한다. 남이 버린 쓰레기까지 주워서 집으로 돌아간다면 더욱 바람직하다.

무슨 말도 안 되는 소리냐는 생각이 든다면 한국과 일본을 보자. 미국의 군용지이자 금괴 저장소가 있는 포트 녹스Fort Knox를 봐도 좋다. 이곳에서는 매너와 사회적인 유대를 배울 수 있다. 포트 녹스 사람들은 공유지를 누구나 굶주린 소떼를 풀어두고 풀줄기가 더 이상 자라지 않을 때까지 풀을 뜯어 먹도록 두는 공간이라 생각하지 않는다. 자신의 집 앞에 떨어진 낙엽을 쓰는 것은 그 공간이 공유지라고 하더라도 자신이 책임져야 하는 공간이라는 생각에서 우러난 긍정적인 행동이다. 집 바깥 공간이 자신의 집 거실의 연장선인 것처럼 책임감을 갖는 것이 좋다. 집 바깥의 쓰레기는 환경미화원들이 책임져야 하는 것이라는 지나치게 신자유주의적인 태도는 옳지 않다.

집 주변을 지금처럼 유지하는 것을 넘어 더 나은 공간으로 만들고 싶다면 이웃들과 힘을 합쳐도 좋다. 주변의 노숙자나 소외된 사람들, 이민자나 난민을 돕거나 공공 주말 농장을 만들면 어떨까? 어떤 사람에게는 주말 농장이 그저 애호박을 얻을 수 있는 장소겠지만, 어떤 사람에게는 고향의 기분을 느낄 수 있고 비타민 A까지 섭취할 수 있는 장소일 것이다.

여러 사람이 모여 한 가지 프로젝트를 진행하는 것, 더 좋은 일을 하는 것, 더 나은 도시를 만들기 위해 싸우는 것은 수고스러운 일이겠지만 그 결과 우리 삶은 더욱 아름다워진다. 내가 사는 도시를 위해 책임을 지는 순간, 소통할 수 없는 익명의 정치가에게 의존할 필요성이 사라진다. 현재 우리가 이용하는 공공장소보다 더 나은 구조를 직접 만들면 된다. 모두 힘을 합쳐 무언가를 만들어내면 도시의 경관뿐만 아니라 시민들의 마음도 더욱 풍성해질 것이다.

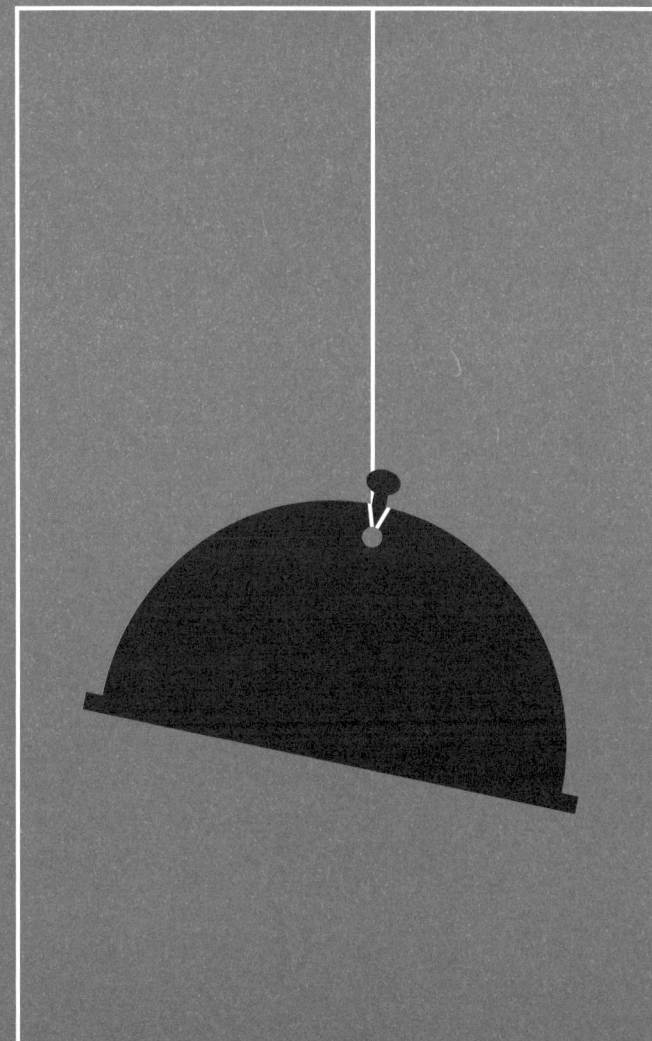

5장

먹는 행위에서
품위 유지하기

몇몇 특별한 상황을 제외하고, 매너는 시대정신을 반영한다. 길쭉한 아스파라거스를 쩝쩝거리며 먹기보다는 칼로 한입 크기로 잘라 먹는 편이 좋다. 한편 각 가정마다 테이블 매너가 다르기도 하다. 어떤 사람은 어머니가 음식을 모두 나눠 주는 것을 이상하게 여기고, 어떤 사람은 자신이 먹을 것은 먹을 만큼만 스스로 가져오는 것을 이상하게 여긴다. 무엇이 옳고 그른지는 문화적 맥락에 따라 다르다.

사람들은 평균적으로 일생의 5년을 먹는 데 쓰고, 3년을 요리하는 데 쓴다. 정오만 되면 사무실은 "오늘은 뭐 먹을까?"라는 대화로 활기를 띤다. 요리나 음식과 관련된 TV 프로그램도 셀 수 없이 많다. 정확히 조사해본 것은 아니지만, 아마도 가족 간의 다툼 중 3분의 1 정도는 음식과 관련된 것이리라. 누가 장을 보러 갈 것인가, 누가 요리할 것인가, 누구에게 맛이 없는가, 누가 마지막 남은 소시지를 먹었는가 등등.

음식을 먹지 않으면 우리는 죽는다. 그리고 음식이나 먹는 행위, 먹기와 관련된 신체 부위로 우리는 감정을 나타내기도 한다. 사랑에 빠지면 뱃속이 간질거리고, 스트레스를 받으면 위가 아프고, 짜증나는 일이 생기면 신물이 올라오고, 안 좋은 소식은 빨리 소화해버리고 싶다.

음식은 우리의 연애 상대이기도 하다. 어릴 때 먹었던 가장 좋아하는 음식의 맛은 얼마나 나이를 먹든 잊을 수 없다. 사랑에 빠지면 우리는 식욕을 잃는다. 요리는 일상의 창의력이 발휘된 환상적인 결과물이다. 사람의 손으로 만들어낸 무언가로 다른 모든 사람이 배를 든든하게 채우고 행복을 느낀다. 누군가와 겸상을 한다는 것은 신뢰한다는 증거다. 회사의 점심시간 모습을 살펴보면 그 회사의 축소 사회를 똑똑히 볼 수 있다.

음식이나 요리에 아무런 감정을 느끼지 않기란 불가능하다. 1980년대까지는 요리에 관심을 갖지 않고 자녀에게도 냉동식품을 먹이는 것이 페미니즘의 신호였다면, 요즘에는 대학 신입생조차 꽤 능숙하게 요리할 수 있다. 남자라고 해서 요리나 음식에 관심을 보이지 않던 시대는 한참 전에 지났다. 스스로를 대접하는 것이야말로 요즘의 시대정신이고, 직접 요리하는 걸 좋아하지 않더라도 맛있는 음식을 사 먹을 수 있다.

게다가 요즘에는 레바논 음식, 중국 사천성 음식, 페

루 음식, 채식을 하는 지역의 음식, 터키 음식 등 전 세계의 음식을 맛볼 수 있다. 다양한 레스토랑에서 우리는 행복을 맛볼 수 있으며, 행복해지지 않더라도 최소한 배는 채울 수 있다. 집집마다 부엌이 있으니 휴일에는 라자냐, 태국식 카레, 중동의 후무스, 초밥 등 다양한 요리를 만들 수도 있다. 이제 우리의 가정식은 더 이상 자국의 요리에만 국한되지 않는다.

윤리적으로 먹기

이스라엘산 아보카도, 페루산 아스파라거스, 태국산 망고. 우리는 이제 싼값에 언제 어디서든 식료품을 살 수 있다. 내일 쓸 식비 때문에 고민하는 사람은 그리 많지 않다. 그렇다고 식료품의 가격이 싼 것은 아니다. 식료품 산업 분야가 배출하는 막대한 양의 이산화탄소 비용이 소비자들이 구매하는 제품의 가격에 조금씩 포함되어 있는 데다, 바빠서 먹지도 못한 채 음식물 쓰레기로 버려지는 식료품도 적지 않다.

코로나 위기 이후 도축장에서 죽어 나가는 것은 동물만이 아니라는 사실이 밝혀졌다. 궂은일을 하는 이주 노동자들 또한 소비자들의 수요에 맞는 제품을 생산해내기 위해 고생하고 있다. 설문조사 결과, 이미 많은 사람들이 이런 사실을 알고 있다. 응답자의 3분의 2 정도가 동물 복지를 위해서라면 육류를 사는 데 현재보다 더 많은 돈을 지불할 의향이 있다고 답했다. 육류 포장에는 동물 복지와 관련된 내용을 알려주는 스티커가 붙어 있고, 우리는 식탁에 오를 고기가 되기 전의 동물이 어떻게 살았는지 알 수 있다. 그러나 한편으로는 식재료에 쓸 돈을 아끼고 싶다는 의지도 강하다. 독일에서는 유기농으로 사육된 동물의 육류 제품이 전체의 2퍼센트에 지나지 않는다.

내가 어렸을 때만 해도 유기농 농산물 판매점을 찾아보기는 어려웠다. 그런 곳이 있다고 하더라도 거기서 팔지 않는 채소도 많았는데 요즘에는 어디를 가나 유기농 슈퍼마켓이 눈에 띈다. 그런데 과연 유기농 파프리카가 정말로 우리 지역에서 난 고깔양배추보다 나을까? 더 낫다고 하더라도, 과연 누구를 위해서 더 나은가? 그것을 먹는 나를 위해서? 아니면 환경을 위해서? 농산물을 수확한 농부를 위해서? 살충제를 쓰지 않았다는 이유만으로 어마어마한 양의 물을 먹고 자라야 하는 아보카도에 유기농 스티커를 붙일 수 있을까? 우리는 양심적으로 소비할 수 있을까? 식료품을 둘러싼 생물학적 문제와 윤리적 문제를 해결할 유일한 방법은 소비를 제한하는 것이 아닐까?

절망스러운 기분이 드는가? 여태까지처럼 눈 가리고 아웅 식으로 행동을 바꾸지 않는 것은 해답이 아니다. 당신이 할인 여부에 상관없이 원하는 식재료를 모두 구입할 수 있는 정도의 재력이 있는 사람이라면 당장 변화를 시도해야 한다. 예를 들어 주말 장터에서 판매자의 연락처를 구해 상품에 대해 이야기를 나누고, 상품을 직접 보고, 어떤 채소나 과일이 제철인지 묻고 여러 조언을 받을 수 있다. 슈퍼마켓에 가서 원하는 재료를 사 오는 것보다 시간과 노력이 많이 드는 과정이다. 그러나 만족도가 훨씬 높을 것이며 주말이 기대될 것이다. 여름에는 지역에서 나는 채소와 과일이 많다. 8월에 나는 산딸기는 수입산 망고보다 훨씬 맛있다. 겨울에는 아무 고민 없이 쪼글쪼글한 저장 사과와 수입산 오렌지, 파인애플을 모두 구입할 수 있다.

현재 우리의 육류 소비는 환경적으로나 윤리적으로나

개선해야 할 점이 많다. 앞으로는 즐기기 위한 소비를 줄여야 한다. 육류를 더 적게, 그러나 더 의식적으로 소비할 필요가 있다. 닭가슴살 구이도 물론 맛있지만, 비싼 유기농 닭고기 한 마리를 통째로 구입하면 고기가 되기 전의 동물에 대해 생각할 수 있을 뿐만 아니라 닭고기 수프, 닭죽, 구운 닭고기 등 다양한 메뉴로 세 번 정도의 끼니를 차릴 수 있다. 우리가 닭의 살코기만을 먹고 나면, 내장 등 남은 부위는 아프리카 같은 국가로 보내져 허름한 시장에서 팔린다. 그러나 우리가 닭고기를 전부 소비하면 다른 국가에서 남은 음식을 처리할 일은 없어진다.

독일에는 아직 사냥 문화가 남아 있는데, 직접 사냥해 육류를 조달하는 것도 환경 보호나 윤리적인 면에서 나쁘지 않다. 사냥감으로 잡히는 사슴이나 멧돼지는 적어도 농장의 울타리에 갇혀 사육되지 않고 삶의 마지막 순간까지 자유롭게 숲속을 뛰어다닐 수 있기 때문이다. 벌이가 좋은 사람도 가끔 머뭇거릴 정도로 육류가 비싸다면 사람들이 지금처럼 많은 양의 고기를 먹지도 버리지도 않을 것이다.

독일에서는 매년 1,800만 톤의 식재료가 버려지는데, 그중 42퍼센트는 소비자로부터 나오는 것이다. 한 명이 버리는 음식물 쓰레기는 1년에 75킬로그램에 달한다. 그렇다고 곰팡이가 핀 빵을 먹으라는 말은 아니다. 다만 식료품에 쓰인 유통기한은 말 그대로 유통업자나 생산자가 해당 식료품을 가장 신선하게 즐길 수 있는 기간을 써둔 것일 뿐이다. 유통기한이 며칠 지났다고 해서 멀쩡하던 치즈가 갑자기 화학무기로 돌변하는 건 아니다. 특히 유제품은 제품에 쓰인 유통기한보다 훨씬 오래 두고 먹을 수 있다. 오늘이나 내일 당장 생크림을 써야 한다면, 유통기한이 오래 남은 제품보다는 얼마 남지 않아 할인 판매를 하고 있는 제품을 사는 편이 좋다.

제철인 식재료, 내가 사는 지역에서 나는 식재료를 소비하고, 육류 섭취를 가능한 한 줄이고, 냉장고를 잘 살펴 낭비되는 식재료가 없도록 하는 것만으로도 우리는 많은 것을 이룰 수 있다. 이런 행동은 더 이상 극소수만의 움직임이 아니라 사회적 합의다. 거의 대부분의 카페에서 우유뿐만 아니라 식물성 음료 등의 대체재를 사용하고 있고, 채식 혹은 비건 음식을 제공하는 식당도 늘었다.

모든 것은 우리의 미래를 위해서이며 모든 사람이 행동에 나서야 한다. 그렇지만 모든 사람이 식료품 소비를 윤리적이고 환경 친화적으로 바꿀 수단이나 자원을 갖추고 있는 것은 아니다. 60제곱미터 크기의 집에서 4인 가족이 살며 평생 동안 두 번 정도밖에 비행기를 타보지 못한 여성은 저렴한 소시지 제품을 살 수밖에 없다. 우리는 지역 특산품인 딸기 세 상자를 자랑스럽게 계산대 위에 올려놓기 전에 잠시 생각해야 한다. 한 개인이 얼마나 환경 보호를 실천하고 있는지는 그 사람의 장바구니만 보고는 판단할 수 없다.

접시 위의 적

'날씬한 몸매가 아름답고 건강하다'는 생각이 과연 옳은 것일까? 대부분의 사람들은 유전적으로 타고난 음식 애호가들이고, 골목마다 자리 잡은 빵집은 맛있는 초코 크루아상을 저렴한 가격에 팔고 있다. 동시에 몸에 붙은 지방은 이제 더 이상 부의 상징이 아니라 게으름과 무신경함과 자포자기의 상징이 되었다. 비만인 사람들은 직업을 얻기도 더 어렵고, 더 어리석고 의지도 약하고 교육 수준도 낮을 것이라는 평가를 받는다.

　물론 고도비만은 대부분의 경우 건강에 좋지 않다. 고도비만은 여러 질병의 위험을 높인다. 그리고 여러 질병의 위험을 높이는 다른 요인으로는 흡연, 알코올 섭취, 오래 앉는 사무직, 스트레스, 소시지 같은 가공육 식품 등이 있다. 그리고 이것들은 모두 비만을 촉진하는 것이기도 하다. 의료 서비스의 질이 개선되어 인간의 수명은 점점 늘어나고 있고 대부분의 전문가들은 모든 사람이 콜레스테롤을 낮춰야 한다고 조언한다. 이제는 많은 이들이 미래의 죽음에 대비할 수 있게 되어서 갑작스레 사망하는 사람의 수도 줄었다.

　동시에 다이어트에 대한 관심도 늘었다. 저탄수화물 식단, 무탄수화물 식단, 팔레오 식단(구석기 시대 사람들이 먹었던 식재료로 짠 식단을 말한다. 따라서 아보카도를 섭취하고 싶다면 비행기 티켓을 준비해야 한다), 간헐적 단식, 뒤캉 다이어트(순수한 단백질 식단으로 시작해 탄수화물 섭취를 점차 늘려가는 방식이다), 키토 식이요법. 이 모든 다이어트 방법의 본질은 하나다. 탄수화물, 특히 밀가루와 설탕은 나쁜 것이니 달콤한 시나몬 롤을 먹을 때는 마치 담배를 피울 때와 마찬가지로 죄책감을 가져야 한다.

여태까지 오랜 시간 동안 나쁜 것이라 간주되던 지방은 반대로 특정 건강 식단에서는 각광받고 있다. 태어나서 처음으로 초콜릿을 맛본 순간부터 그 맛이 보상중추에 각인되기 때문에 우리는 달콤한 죄악을 거부하지 못하고 중독되고 만다. 어떤 사람은 몰래 산 초콜릿 한 봉지에 부끄러움을 느끼기도 하지만, 어떤 사람은 당당하게 대추야자와 땅콩버터를 섞은 건강한 잼을 먹는다. 먹을 것을 즐기지 못하는 고행이란 비만만큼이나 달갑지 않은 것이며 많은 인플루언서들이 고구마와 병아리콩을 '소울 푸드'라며 판매한다.

글루텐, 락토오스, 과당, 히스타민. 알레르기는 물론이고, 여러 식재료가 일으키는 소화불량이 이렇게까지 주목받은 적은 과거에 없었다. 20년 전만 해도 글루텐을 소화하지 못하는 사람들은 특별한 가게에서만 파는 쌀로 만든 빵을 사 먹어야 했는데, 이제는 어느 슈퍼마켓을 가도 글루텐 프리gluten free 제품을 만날 수 있다. 다행스러운 일이다. 특정한 음식을 먹으면 위경련이 일어나거나 가스가 차거나 피부에 문제가 생기는 것은 과로하는 고소득자들만의 문제가 아니라 진지하게 받아들여져야 하는 질병이기 때문이다.

물론 어떤 사람이 커피에 오트밀크를 넣어 마시거나 글루텐 프리 에너지바를 먹는다고 해서 그 사람에게 질병이 있다고 단정 지을 수는 없다. 많은 사람들이 글루텐이나 락토오스가 없는 제품을 섭취하는 것이 더 건강하다고 믿기 때문이다. 어떤 사람들은 유난이라며 비웃기도 하지만, 30년 전만 해도 채식을 하는 사람들이 똑같이 비웃음을 당했다. 그런데 요즘은 주기적으로 채식 메뉴를 제공하는 식당이나 비건 소시지 같은 제품이 늘었다. 보디빌더 중에는 비건 식단을 적극 홍보하는 사람도 많다. 대체 육류 시장도 성장 중이다. 식품산업계의 성과 덕분에 이제 우리는 진짜 고기와 구분하기 어려운 대체육을 먹을 수 있다.

한편으로는 식욕 부진이나 거식증과 비슷하게 오소렉시아orthorexia 또한 문제다. 오소렉시아란 건강식품이나 건강한 식습관에 과도하게 집착하는 행동을 말하며, 식이장애의 일종이다. 우리는 건강하게, 의식적으로, 즐겁게 먹어야 하며 너무 많은 음식을 먹어서는 안 된다.

그런데 어딜 가든 눈에 띄는 슈퍼마켓 진열대와 광고 전단에는 건강에 나쁘고 고도로 가공된 식재료가 즐비하며, 이런 것들은 우리의 쾌락중추를 자극해 우리를 중독에 이르게 한다. 그 미로에서 길을 잃지 않으려면 규칙과 의식, 시간과 의지가 필요하다. 하루 종일 열심히 일하고 가족을 챙긴 후 완전히 지쳐 있을 때 치즈가 들어간 빵이나 초콜릿을 먹고 싶다는 충동을 이겨내지 못한 적이 있다면, 당신은 혼자가 아니다. 탄수화물은 어디에나 있으며, 그 유혹은 아주 감미롭다. 또한 우리의 자제력에는 한계가 있다. 식량이 과잉 공급되든 아니면 우리가 억지로 스스로를 고문해가며 식욕을 참든 음식이 우리의 적이 되어선 안 된다.

알코올, 액체로 된 사교성

덴마크 코펜하겐에는 노마Noma라는 유명한 레스토랑이 있다. 이곳은 상당히 정책적인 음식점이다. 지역에서 난 재료 본연의 맛을 극대화한 메뉴를 제공하는데, 예를 들면 샐러리 샤와르마나 미역 라비올리 같은 것이다. 그뿐만 아니라 미래의 식량이 과연 어떻게 변할지 끊임없이 탐구하는 곳이기도 하다.

노마는 연구소이자 음식점이다. 미래에 우리가 어디서 단백질을 얻을지, 혹은 여태까지 그냥 버리던 식재료의 일부분이나 심지어는 먹어보지 않은 재료 중 섭취할 수 있는 것이 무엇인지를 고민한다. 메뉴판에는 알코올음료 외에도 무알코올이며 상당히 혁신적인 음료가 즐비하다. 효소 음료나 주스, 약초를 달인 물, 각종 추출물 등이 그 예다. 미식가라면 와인보다는 이런 음료를 선호할 것이다. 모과주스와 밀랍, 사프란 등의 생소한 식재료가 요리계의 전위예술이라면, 왜 우리는 축하할 일이 생겼을 때 마실 음료로 샴페인만을 선호하는 걸까?

40년 전만 해도 사람들은 손님에게 특별히 디자인된 도자기 잔에 담배를 담아 대접했다. 만약 오늘날 핑거 푸드 옆에 담배로 만든 꽃다발을 장식해두는 파티장이 있다면 그리 큰 인기를 끌지 못할 것이다. 그런데 알코올은 여전히 굳건한 위상을 지키고 있다. 2018년 조사에 따르면 평균적으로 독일인들은 1년 동안 맥주 325병, 와인 27병, 샴페인 5.5병, 소주 7병을 소비했다. 순수 알코올만으로 따지면 거의 10리터에 이르는 양이다. 독일인 130만 명이 알코올 중독이며, 매년 7만 4,000명이 알코올 때문에 사망한다.

와인 한 잔, 샴페인 한 잔 혹은 맥주 한 병 정도를 식사 때 곁들이는 정도는 문제없다. 그러나 알코올 섭취를 아주 정상적이고 일반적으로 보는 시각, 그리고 술을 마시지 않는 사람은 임신했거나 종교 때문이거나 알코올 중독에서 벗어나려고 노력하는 중일 거라고 보는 시각에서 벗어나야 한다. 어떤 사람은 단순히 술을 마시고 싶지 않은 건지도 모른다. 그러니 술을 마시지 않는 사람이 있더라도 건강에 문제가 있거나 약을 복용 중일 거라고 지레짐작하지 말자.

술은 사실 맛있지 않다. 인생에서 처음으로 맥주, 와인, 소주 등을 마셨던 경험을 떠올려보라. '와, 여태까지 마셨던 음료 중 가장 달콤하고 맛있어!'라고 생각한 사람은 없을 것이다. 술은 후천적으로 익숙해지는 맛이다. 우리는 술을 즐기는 법을 배워야 맛있다고 느끼게 된다. 그래서 더욱 술을 포기하기 어려운지도 모른다. 10대 시절에는 어떻게든 술을 구해서 마시겠다고 각종 위장술을 고안해내지 않았던가.

음주는 성인이 되었다는 뜻이자 카타르시스, 만족, 황홀경이다. 거의 종교적인 경험에 가깝다. 술은 친구나 지인과의 관계를 돈독히 하는 매개체라는 생각이 강해 축하 자리에는 술이 빠지지 않는다. 그러나 술은 괴로움과 슬픔, 다툼의 매개체이기도 하다. 모든 사람이 음주에 반대하는 선도자가 될 필요는 없다. 다만 때로는 비싼 와인보다 배 혹은 포도 주스를 선택하면 나름의 즐거움이 있을 것이다. 목이 마를 때는 물을 마시는 게 가장 좋다. 다른 이야기지만 물맛에 까다로워서 자신에게 가장 잘 맞는 물을 찾으려는 물 소믈리에들도 적지 않다.

테이블 매너와 품위 있는 식사

우리 집 식탁에서 늘 빠지지 않던 두 마디가 있다. "식탁에서 팔꿈치 떼"와 "다른 손은 어디 있어?"다. 입을 벌린 채로 음식을 씹지 마라, 쩝쩝거리지 말고 소리 내어 물을 마시지 마라, 입안에 음식이 가득한 상태로 말하지 마라, 수저나 포크를 핥지 마라, 포크를 이 사이에 물지 마라, 냅킨은 무릎에 두어라, 음식을 손가락으로 자르거나 찢지 마라 등의 다른 규칙도 있었지만, 그리 엄격하지 않아서 융통성 있게 넘어가는 일도 있었다. 다만 식탁에 팔꿈치를 올려서는 안 되고, 식기를 쥐고 있지 않은 다른 손을 테이블 아래로 내려서는 안 된다는 규칙은 매우 강력해서, 우리 엄마는 매일 새로운 규칙을 설명하듯 그 말을 되풀이했고 나는 지금도 엄마 집에 갈 때면 그 말을 기다리곤 한다.

우리 집 식탁은 가족끼리 아침식사를 하는 장소이니 규칙이 다소 여유롭지만, 남의 집에 초대받거나 중요한 자리에서는 반드시 지켜야 하는 테이블 매너가 있다. 빵을 손이 아니라 칼과 포크로 먹는 방법이라든가, 포크로 올리브씨앗을 발라내는 방법, 그리고 "맛있다"는 말을 너무 많거나 너무 적지 않게 적당히 말하는 방법, 음식을 적당히 먹는 방법 등이다. 또 당신이 다른 사람들을 초대한 입장이라면, 집주인으로서 항상 가장 마지막에 식사를 마쳐야 한다. 그래야 손님들이 과식하는 것처럼 보이지 않는다.

테이블 매너야 어렸을 때부터 배웠으니 이미 다 알고 있다고 말하는 사람이 많다. 그런데 만약 1980년대 이전 출생자라면, 그때의 테이블 매너와 지금의 테이블 매너가 다르다는 점에 주의해야 한다. 무엇보다도 매너는 조용한 영웅이다. 매너가 있는 사람은 눈에 띄지 않는다. 다른 사람들이 모두 테이블 매너가 없다고 해서 화를 내는 것도 품위가 없는 행동이다.

'더 나은 사회'는 마법처럼 갑자기 펼쳐지는 것이 아니다. 새로운 매너가 생기더라도 우리는 그것을 금방 배울 수 있다. 그리고 과거에는 매너였던 것이 더 이상 중요하게 여겨지지 않을지도 모른다. 요즘에는 햄버거나 소보로빵을 칼과 포크로 먹는 사람이 오히려 이상한 눈길을 받을 것이다. 만약 대통령의 만찬에 초대받아 식사를 해야 한다면 일반적인 식사 자리에서 지키는 것과는 차원이 다른 매너가 필요하다. 같은 자리에 초대된 다른 사람들은 완벽한 테이블 매너를 갖추고 칼과 포크를 이용해 에스카르고나 올리브 씨앗을 완벽하게 발라낼 것이다.

테이블 매너를 지키면 다른 사람들이 식욕을 잃지 않도록 보호하고 내가 그들을 존중한다는 사실을 보여줄 수 있다. 홀짝거리는 소리, 쩝쩝대는 소리, 트림 소리, 후루룩대는 소리가 귀에 거슬린다고 말하는 사람이 적지 않다. 이를 전문용어로 미소포니아^{misophonia}라고 한다. 미소포니아로 인해 느끼는 불쾌함과 역겨움은 생각보다 크다. 그래서 많은 사람들이 상대방의 쩝쩝대는 소리를 견디지 못하고, 결국 그렇게 첫 데이트는 마지막 데이트가 된다.

물론 이런 극단적인 경우는 드물겠지만, 그럼에도 조용히 먹는 것은 아주 중요한 규칙이다. 칼이나 포크를 핥지 않고, 포크를 이로 물지 않고, 씹을 때는 입을 다물고, 이 사이에 낀 질긴 파인애플을 손가락으로 빼지 않는다. 같이 식사하는 사람들의 기본적인 미적 욕구를 침해하지 말자. 마지막 남은 올리브의 씨를 찾아 이리저리 뒤적거리는 것은 가족들 앞에서도 좋지 않은 행동이다.

몇몇 특별한 상황을 제외하고, 매너는 시대정신을 반영한다. 길쭉한 아스파라거스를 쩝쩝거리며 먹기보다는 칼로 한입 크기로 잘라 먹는 편이 좋다. 한편 각 가정마다 테이블 매너가 다르기도 하다. 어떤 사람은 어머니가 음식을 모두 나눠 주는 것을 이상하게 여기고, 어떤 사람은 자신이 먹을 것은 먹을 만큼만 스스로 가져오는 것을 이상하게 여긴다. 이런 매너를 지키지 않는 순간 그 사람은 아웃사이더가 된다. 무엇이 옳고 그른지는 문화적 맥락에 따라 다르다. 테이블 매너는 지역에 따라 다르지만, 우리 집과 다른 테이블 매너를 경험하기 위해 일본까지 날아갈 필요는 없다. 때로는 옆집에만 가도 다른 규칙을 경험할 수 있다.

이케아 VS 도자기 식기

우리가 먹는 음식, 먹는 방법뿐만 아니라 먹는 장소 또한 과거와는 180도 달라졌다. 30년 전까지만 해도 서양의 각 가정에는 다이닝 룸이나 적어도 밥을 먹는 용도로만 쓰는 공간과 테이블이 있었다. 반면 부엌은 요리만 하거나 간단한 아침식사를 하는 곳이었다. 식사는 식탁, 아니면 적어도 조리대에서 이루어졌다. 그런데 오늘날에는 혼자 혹은 둘이서 먹는 경우 소파에 앉아 좋아하는 드라마를 보며 식사하는 사람들이 많다. 라디오나 넷플릭스, 스마트폰 없이 식탁에 앉아 식사하는 것은 요즘 사람들에게 거의 명상에 가깝다. 그 명상은 무거운 우울이나 행복한 몰입으로 이어질 수 있다.

곧장 응급 수술을 해도 좋을 정도로 깔끔하게 유지되며 오로지 가족들만이 함께 이용할 수 있는 공간이었던 부엌과 다이닝 룸이 이제는 부엌과 거실 혹은 거실 겸용 부엌이라는 공개된 공간으로 바뀌었다. 집에 온 손님이 앉아서 기다리는 공간은 집주인이 요리하는 공간과 아주 가깝다. 이런 변화로 새로운 도전 과제가 생겼다. 내가 요리하는 모습을 다른 사람들이 다 볼 수 있다면, 부엌에서 발생하는 혼돈을 어떻게 정리해야 할까? 전략은 두 가지다. 있는 그 대로 받아들이든지, 준비를 철저히 하고 손님과 부엌 사이 의 공간을 조금이나마 넓히는 것이다. 많은 양의 음식을 요 리하고도 오픈 키친이 깔끔하기를 바라는 것은 가정생활과 직장생활을 양립하면서 외모까지 완벽해 보이길 바라는 것 과 같다. 이것을 모두 해낼 수 있는 사람은 초인이다.

한편 우리가 사용하는 식기의 모습도 바뀌었다. 1960 년대 서양에서는 결혼과 동시에 새로운 가정이 탄생했고 여성들은 몇 년 동안 모은 혼수를 지참해 시집을 갔다. 은 식기, 도자기, 수를 놓은 식탁보, 냄비 세트, 다이닝 룸에서 쓸 가구 등 모든 것이 마치 하나인 듯 어우러졌다. 잘 꾸며 진 식탁이 아름다워 보이는 것은 당연하다. 풀을 먹여 빳빳 하게 다린 냅킨, 가정의 경제적 상태에 따라 그냥 흰색이거 나, 로젠탈의 제품이거나, 핸드페인팅이 되어 있거나, 금색 테두리를 두른 마이센 자기 식기, 은촛대, 꽃 장식 등이 놓 인 식탁은 아름답다.

당시에 세트로 구입된 값비싼 식기류는 오늘날까지 유산으로 남겨진다. 고급 식기를 물려받은 자식들 혹은 손주들은 깨지기 쉽고 식기세척기 사용이 불가능한 그 모든 그릇을 넣어둘 수납공간이 충분한 집에 살거나, 사용해본 적도 없는 그릇이 어느새 없어졌다는 사실을 뒤늦게 발견하거나, 원래 가격의 극히 일부분만 받을 수 있는 골동품 가게에 식기를 팔아야 한다.

20년 전만 해도 마이센 자기 수집은 동전 수집처럼 가치 있는 투자였지만, 요즘 고학력자 중산층은 1950년대였다면 상상도 못할 장소인 뒷마당에 식탁을 두기도 한다. 오늘날 우리가 사용하는 것들은 전부 제각각이라 어우러지지 않는다. 어떤 것은 벼룩시장에서 산 것, 어떤 것은 이케아에서 산 것, 어떤 것은 쉐비시크 Shabby Chic 스타일, 어떤 것은 아기자기한 스타일이다. 사람들의 미적 감각은 바뀌었고, 생활습관도 바뀌었다. 해외여행을 하며 사 온 각기 다른 스타일의 그릇을 보며 당시의 추억을 떠올리기도 한다.

식탁은 최대 여섯 명 정도가 앉을 수 있는 크기이면 충분하고, 식탁보나 냅킨은 손님이 왔을 때나 꺼내는 것이며, 모든 것을 빳빳하게 다리지 않아도 된다. 자수는 이제 할머니 세대의 유행이고, 놋쇠나 은을 제대로 닦는 법은 몰라도 된다. 다만 변하지 않은 것도 있다. 손님이 오거나 축하할 일이 있는 날에는 식탁을 평소보다 더 정갈하게 꾸미고 꽃이나 양초로 장식하고 잔잔한 음악을 틀어둔다. 조명을 살짝 낮추는 것도 잊지 않는다. 그래야 미처 정리하지 못한 물건이나 먼지, 바닥에 떨어진 머리카락 등이 가려져 보이지 않기 때문이다.

손님을 맞이할 때를 위한 열 가지 조언

① 축하할 일은 있는 그대로 축하한다

우리는 왜 손님을 초대할까? 식사에 손님을 초대하는 이유는 대개 행사, 생일, 부활절, 기념일, 친구들 사이의 공통된 전통 등이다. 혹은 감사나 초대를 받은 것에 대한 보답으로 손님을 부르기도 한다. 때로는 충동적으로 사람을 초대해 간단히 식사하고 끝나는 경우도 있고, 때로는 한 달 내내 계획하고 준비해야 하는 경우도 있다. 신선한 버섯만 있어도 주말에 간단한 접대 요리를 만들 수 있다. 요즘처럼 친구들과 함께 보낼 시간이 많지 않을 때는 즉흥적으로 여러 사람이 모이는 것만큼 즐거운 일이 없다.

손님을 몇 명 초대할지는 파티의 성격에 따라, 집의 크기와 준비할 수 있는 음식의 양에 따라 다르다. 집에 여덟 명 이상을 초대해 따뜻한 음식을 대접하는 것은 다소 야망이 넘치는 생각이다. 파티 전체 혹은 적어도 요리 계획을 전문 파티플래너에게 맡길지 여부는 심사숙고한 뒤 결정해야 한다.

사람을 초대할 때는 목적이 무엇인지(생일파티, 새로운 커튼에 대한 자랑, 단순히 아스파라거스가 제철이라서)를 정확히 밝혀야 하며, 형식(손님이 60명 정도 와서 코스 요리를 즐기는 자리인지, 마당에서 떠들썩하게 바비큐를 하는 자리인지, 네 명이서 간단하게 스파게티를 먹는 자리인지)과 손님들이 해야 할 일(동행을 데려와도 되는지, 어떤 옷을 입어야 하는지, 선물을 준비해야 하는지) 또한 미리 알려줘야 한다. 이때 손님을 초대하는 방식(메신저 앱, 이메일, 편지)이 파티의 성격까지 알려주는 척도가 될 수 있다.

② 테이블 배정을 잘 고려한다

대부분의 경우 모임의 성격에 따라 참석자가 결정된다. 크리스마스라면 가족, 일반적인 식사 자리라면 친구들,

명절이라면 배우자의 부모님, 회식이라면 직장 동료일 것이다. 가끔은 많은 사람들이 둥근 테이블에 모여 앉는 공식적인 자리도 있다. 결혼식이나 공식 행사, 중요한 생일파티 등에서는 테이블의 자리가 미리 배정되기도 한다.

만약 당신이 대규모 파티의 주최자라면 테이블 계획을 짜야 한다. 우선 사람들을 그룹으로 나눈다. 학교 친구들을 같은 테이블에 앉히거나 모든 손님을 무작위로 섞어 앉힐 수 있다. 무작위 자리 배정은 난이도가 높다. 운이 좋다면 같은 테이블에 배정된 당신의 시어머니와 성가대 지인 사이에 공통의 관심사가 있어 화기애애한 대화가 이어지며 즐거운 분위기가 연출될 수 있지만, 대개의 경우 침묵만이 흐를 가능성이 높기 때문이다. 모든 친구 관계에는 분위기와 단합을 주도하는 사람이 있고, 모든 가족 관계에는 식사 자리의 분위기를 망치는 괴팍한 사람이 있다. 이런 사람들의 자리는 전략적으로 배치해야 모든 사람이 편안하게 대화를 나눌 수 있다.

몇몇 손님들에게 다른 사람들을 챙겨달라고 미리 부탁해둬도 좋다. 괴팍한 삼촌 옆에는 온화한 성격의 감시인을 붙여두자. 그 외에는 많이 신경 쓰지 않아도 된다. 어차피 파티에 오는 손님들은 모두 각자의 산전수전을 겪으며 일상을 사는 사람들이다. 그러니 파티 장소에서 일어나는 일쯤은 혼자 해결할 수 있을 것이다. 당신은 파티의 주최자이지 세계 평화를 이룩해내야 하는 국제연합이 아니다.

③ 건강식 대신 안전한 식단으로

지역 특산품, 제철 음식, 바이오다이내믹 농법으로 기른 식재료, 채식, 비건식, 히스타민 프리, 글루텐 프리, 알레르기 프리, 자연식과 같은 건강 식단이 일부 유명인사나 부자뿐만 아니라 일반인들의 식탁에 스며든 지도 수십 년이 지났다. 다행스러운 일이다. 손님을 초대해 음식을 대접했는데 그 손님이 나중에 몸이 붓거나 복통을 느끼길 바라는 사람은 없을 테니 말이다. 알레르기와 소화불량은 중요하게 다루어져야 하는 주제다. 유당불내증 때문에 결과적으로 비건 식단을 먹는 사람은 모임 주최자에게 그 사실을 빨리 알려야 한다. 당신이 주최자라면 특별한 식단을 먹어야 하는 사람을 위해 대체 식단을 마련하거나 모든 사람의 식단을 각자에 맞게 준비해야 한다.

그렇다면 어떤 요리를 만들어야 할까? 대부분의 사람

들이 좋아하는 재료를 선택하자. 예를 들어 감자나 면, 갈비찜, 푹 끓인 탕 요리 등이다. 일본식 연회 요리를 준비해 손님들을 깜짝 놀라게 하거나 건강식에 지나치게 집착할 필요는 없다.

가장 중요한 규칙이 있다. 실험하지 말 것! 이전에 적어도 두 번 이상 성공적으로 만들어본 메뉴를 선정해 요리하라. 그리고 미리 만들어두었다가 살짝 데워서 내가기만 하면 되는 요리를 준비하라. 진부하게 들리겠지만, 약속 시간 2시간 전에 모든 준비가 끝났고, 손님들이 모두 도착했는데 오븐 속 찜 요리만 아직 30분 더 있어야 완성된다면 주최자나 손님들이나 모두 실망감이 이만저만이 아닐 것이다. 요리를 세 가지 준비해야 한다면 메인 요리 외에 전채 요리나 디저트로 차가운 것이나 금방 데워 대접할 수 있는 것을 준비하자.

채식주의자와 육류를 좋아하는 사람들이 함께 식사해야 한다면 각기 다른 접시에 음식을 준비한다. 모두가 함께 먹을 수 있는 접시에는 아스파라거스와 감자, 홀랜디쉬 소스를 담고 육류를 좋아하는 사람들에게는 햄이나 고기완자를 곁들인 쇠고기 스튜를, 채식주의자에게는 버섯 스튜를 대접한다. 많은 사람들이 인스타그램에 건강식 사진을 올리지만 당신은 여전히 탄수화물, 버터, 고기에 행복을 느낀다면 그 식단을 유지하면 된다. 당신은 손님들의 식단이 아니라 행복한 저녁 식사를 준비할 책임이 있다.

④ 완벽하려고 너무 애쓰지 말자

손님을 몇 명을 초대하든, 어느 정도 수준으로 요리를 준비해야 하든 너무 스트레스 받지 말고 마음가짐을 가볍게 하는 것이 중요하다. 음식의 순서와 상관없이 모든 음식을 한 테이블에 올려놓고 모든 사람이 먹고 싶은 만큼 먹는 브런치나 뷔페가 시대에 뒤떨어졌다고 생각하는 사람들도 있지만, 뷔페처럼 음식을 먹으면 주최자로서는 순서에 맞춰 음식의 조화를 생각하지 않아도 된다. 세계적으로 보면 코스 요리라는 전통이 없는 문화권도 많다. 즉 음식의 순서가 애초에 존재하지 않고, 처음부터 식탁에 음식을 전부 올려놓고 먹는 것이다.

당신이 미식가 클럽의 파티 주최자가 아닌 이상, 파티를 여는 목적은 손님들이 감탄하도록 만드는 것도, 주최자로서 기진맥진한 채로 자리에 앉아 있는 것도 아니다. 요리는 기쁨을 자아내는 행위여야 하고 음식은 모든 사람이 맛있다고 느끼는 것이어야 한다. 물론 맛으로 손님들에게 깊은 인상을 남길 수 있다면 더욱 좋다. 당신이 만든 요리가 인스타그램에 적합한지보다 더 중요한 것은 손님들과 함께 보내는 즐거운 시간이다. 요리를 준비하는 시점부터 이미 '이걸로 충분할까?' 혹은 '누가 실망하지는 않을까?'라는 걱정이 든다면 방법은 두 가지다. 그 메뉴를 없었던 걸로 하든지, 초대한 사람의 목록을 다시 떠올려보라.

한 가지 더 중요한 사실이 있다. 누구도 당신에게 완벽한 저녁을 위한 비용을 주지 않았다. 손님들을 위해 경제적으로 부담스러운 식사를 준비할 필요는 없다. 랍스터, 고급 소고기 스테이크, 굴, 샴페인, 캐비어……. 당신은 미슐랭 레스토랑의 요리사가 아니다. 감당할 수 있는 수준의 예산으로 식사를 준비하면 된다. 제철 음식을 활용한다면 채소 요리가 훨씬 저렴하다. 그리고 소고기를 와인에 오랜 시간 재워뒀다가 푹 쩌서 만든 갈비찜은 대부분의 손님들이 호평할 것이다. 갈비찜은 고급 스테이크보다 훨씬 저렴하면서도 맛있다. 아주 친한 사람들끼리 모이는 자리라면 전채 요리로 간단한 감자수프를 준비해도 된다.

무엇보다도 완벽주의는 즐거움의 적이다. 손님들을 초대해 저녁을 대접하는 자리는 10점 만점에 10점을 받기 위한 것이 아니라 다 같이 웃고 떠들다가 마지막에는 적당히 취해 만족스러운 한숨을 쉬기 위한 것이다.

⑤ 식사 준비에는 타이밍이 있다

우리 할머니가 점심식사 시간은 1시라고 말하면, 그것은 1시에 식사를 시작하니 시간에 맞춰 도착해야 한다는 뜻이다. 그런데 수십 년 전부터 식사 전에 식전주를 마시거나 약간의 대화를 나눈 다음 식사를 시작하는 식으로 식사 접대 문화가 조금 바뀌었다. 손님들이 도착하면 담소를 나누며 가벼운 술을 마시고, 주최자는 30분가량 지나서야 전채 요리를 내놓는다. 그래서 너무 늦게 도착한 사람도 따뜻한 음식을 먹을 수 있다. 음식을 많이 준비해야 할 때 나는 적어도 식사 1시간 전까지는 모든 준비를 마치고 느긋하게 샤워를 한 다음 옷을 갈아입는다. 주최자가 땀에 절어 앞치마를 한 채로 손님들을 맞이하면 손님들 입장에서도 불편할 것이다. 친한 친구를 초대했을 때는 반대로 준비를 서두르지 않는다. 친구들이 기꺼이 음식 준비를 도와줄 것이기 때문이다. 어쨌든 주최자와 손님 모두가 부담스럽지 않은 식사 자리가 되도록 하는 것이 중요하다. 좋은 술, 작게 흐르는 음악, 올리브와 견과류 몇 줌의 안주만 있으면 나머지는 저절로 생겨난다.

⑥ 더 많은 사람이 오면 음식 양을 늘리고 모두를 환영한다

갑자기 손님이 한 명 더 온다거나, 친구가 갑자기 내가 사는 도시에 왔다며 연락한다면 당황스러울 것이다. 하지만 친구란 사랑해야 하는 존재이지 예절을 가르쳐야 할 대상이 아니다. 어차피 우리는 주로 인원수보다 많은 음식을 준비하므로, 손님이 더 온다면 음식이 낭비되지 않아 좋다.

만약 인원수에 딱 맞춰서 음식을 준비했다고 치자. 손님이 정확히 예상한 인원수만큼 왔다고 하더라도, 누군가가 음식을 더 먹고 싶어 한다면 어쩌겠는가? 어떤 사람은 다른 사람보다 1인분의 양이 적다면 어쩌겠는가? 형제가 열다섯 명인 집안에서 자라지 않은 이상 대부분의 사람들은 음식의 양을 어림잡아 계산해 어느 정도 먹어야 배가 부를지 스스로 알고 있으며 남의 음식을 탐내지도 않는다.

고명이나 반찬은 계속해서 즉석에서 만들거나 처음부

터 넉넉하게 준비한다. 식전주를 낼 때 안주로 감자칩을 곁들이고, 식사 후에도 아직 배가 덜 찬 사람이 있다면 치즈 플레이트를 추가로 만들거나 초콜릿 같은 디저트를 대접하자. 손님 접대의 미학은 임기응변이다. 결국 손님들의 기억에 남는 것은 너무 적은 음식이 아니라 집주인의 진심 어린 환대와 밝고 재미있는 언행이다. 그리고 손님들이 너무 많이 먹은 것 같다며 양심의 가책을 느끼지 않도록 하는 것도 중요하다.

⑦ 요리 실력이 없어도 식사 초대가 가능하다

요리하기는 싫지만 사람들을 초대하고 싶다면? 할 줄 아는 요리가 볼로네제 스파게티 하나뿐이라면? 그래도 손님들을 부르지 못할 이유가 없다. 손님들을 집이 아닌 레스토랑으로 초대해도 좋고, 아니면 집으로 초대해 할 줄 아는 요리만 대접해도 좋다. 아니면 새로운 재능을 발휘해보자. 완벽하고 차가운 저녁 식사를 준비하는 것이다. 치즈, 햄, 전채 요리, 회나 초밥, 후무스, 샐러드, 빵, 과일, 케이크나 쿠키 등 당신과 손님 모두가 좋아하는 음식을 사서 식사를 준비한다. 사 온 음식의 포장을 풀기만 하면 식사 준비가 완성된다. 케이터링 서비스를 이용해도 좋다. 자신의 요리 실력을 잘 알고 있다면 손님들에게 군이 참혹한 결과물을 먹이지 않아도 된다.

⑧ 손님에게 도움을 요청하자

당신의 손은 두 개인데 접시 열두 개를 날라야 한다면? 그럴 때는 손님들에게 도움을 요청하자. 사람은 누구나 남을 도와주길 좋아한다. 그러니 친구나 손님들에게 당신을 도울 기회를 주자. 당신은 디저트를 만드는 데 젬병인데 손님 중 한 명이 기가 막힌 티라미수 케이크를 만들 줄 안다면? 그 사람에게 티라미수를 만들어 가져올 수 있겠냐고 부탁하자. 손님을 여러 명 초대했는데, 그중 몇 년 동안 만나지 못했던 '절친'이 있어서 단 둘이서 시간을 보내고 싶다면? 그 친구에게 2시간 먼저 와달라고 부탁해 함께 파티를 준비하며 수다를 떨면 된다.

손님들과 대화를 나누다가 어색한 침묵이 찾아오면 다른 손님들 몰래 친구에게 분위기를 띄워달라거나 대화에 끼지 못하는 사람을 챙겨달라고 부탁하자. 주최자가 파티를 위한 음료와 음식에 신경을 쓰는 동안 손님들이 대화와 매너를 책임져야 한다.

이때 매너에는 휴대전화를 가방 속에 넣어두는 것도 포함된다. 예방 차원에서 상자를 하나 준비해 모든 사람에게 휴대전화를 그 안에 넣어달라고 부탁할 수도 있지만, 이 것은 잘해야 중요한 회의 자리에서나 통용되는 것이지, 최악의 경우 손님들이 '우리가 초등학생인가?'라고 생각할 우려가 있다. 각자 인스타그램을 들여다보지 않고 모든 사람이 빠짐없이 대화에 참여해 화기애애하게 이야기를 나누면 가장 바람직하겠지만, 그렇다고 당신이 손님들의 디지털 디톡스까지 책임질 필요는 없다. 그리고 당신의 집은 레스토랑이 아니니, 손님들에게 도움을 요청해도 된다.

⑨ 정리와 청소는 나중에

사용한 접시, 정렬이 흐트러진 의자, 더러워진 냄비 때문에 마음이 심란한가? 이제 당신 내면의 악마를 마주볼 시간이다. 집주인이 갑자기 자리에서 벌떡 일어나 테이블을 정리하고 덜그럭거리며 접시와 잔을 치우면 손님들은 가시방석에 앉은 듯 불편해진다. 물론 부엌을 깔끔하게 정리하면 마음 또한 안정된다. 하지만 안정된 마음은 오래가지 않는다. 테이블을 치우는 것보다 손님들과 즐거운 대화를 나누는 것이 훨씬 중요하다. 당신은 이미 요리도 했고 음식을 날랐다. 이제 긴장을 풀고 손님들과 이야기를 나누자. 평소 주량보다 술을 조금 더 마셨다면, 마지막 손님이 돌아간 밤늦게나 다음 날 아침에 정리와 청소를 시작하자. 그러면서 전날의 파티를 다시 떠올릴 수 있을 것이다. 만약 배우자와 함께라면 둘이서 청소하며 전날 있었던 일을 떠올리고 웃을 수 있다. 청소를 마치면 전날 입으로 들어가는지 코로 들어가는지 몰랐던 디저트를 먹으며 쉬도록 하자.

⑩ 파티를 끝내고 손님들과 작별하는 요령

파티는 언젠가 끝난다. 한 명이 떠나고, 다음 사람이 떠나고, 당신에게 마지막으로 할 말이 있었던 사람이나 담배를 마저 태울 사람, 마지막으로 한 잔만 더 마시겠다고 남아 있던 사람까지도 떠난다. 완전히 취했거나 지쳤는데도 마지막까지 떠나지 않는 사람들이 있다면 친절하고 정중하게 집 밖까지 배웅하도록 하자. 어차피 당신이 청소를 시작하면, 남아 있던 손님은 당신을 돕든가 아니면 집으로 갈 것이다. 손님을 보내고 싶다면 친절하지만 단호하게 즐거운 시간이었고 이제 자러 갈 시간이라고 인사를 건네자. 남은 음식을 조금 싸 가겠느냐고 물어도 좋다. 이것 또한 파티가 끝났다는 명확한 신호다.

손님으로 초대받았을 때를 위한 열 가지 조언

① 약속은 약속이다

손님으로 초대받으면 한 가지 의무가 생긴다. 초대에 응할지 거절할지 선택해야 하는 의무다. 그다지 내키지 않는다는 이유 외에 참석하지 못할 이유가 생긴다면 최대한 일찍 거절 의사를 밝히는 편이 좋다. 예를 들어 상대방이 마당에서 바비큐 파티를 할 예정이라고 치자. 그러면 적어도 이틀 전에는 재료를 준비해야 한다. 라자냐를 12인분이나 준비했는데 손님은 고작 네 명이 온다면 주최자는 크게 실망할 것이다. 만약 파트너 등 동행인을 데려가고 싶다면, 그것이 불가능할 때 주최자가 죄책감과 부담 없이 거절할 수 있도록 질문해야 한다. 깜짝 손님은 TV 쇼에서나 달가운 존재다.

평범한 식사 자리라면 최대 15분까지 늦게 도착해도 좋다. 하지만 10분 이상 일찍 가지 않도록 한다. 주최자를 도와주고 싶다면 미리 이야기해야 한다. 아무 언질 없이 일찍 가서는 안 된다. 만약 당신이 첫 번째 손님으로 도착했다면, 주최자를 도와 뒤이어 도착하는 손님들을 맞이하고 식전주를 나눠 줄 수도 있다. 손님이 음료나 다른 사람들과의 대화를 주체적이고 독립적으로 챙길수록 주최자의 마음도 편해진다. 당신 스스로도 초대하고픈 손님처럼 행동하자. 혹은 오늘 나의 행동이 내년에 또 초대받을지 여부를 결정한다고 생각하자.

② 먹을 수 없는 음식은 미리 말한다

알레르기나 소화불량 등으로 인해 특정한 식재료를 먹을 수 없다면 주최자에게 미리 귀띔해야 한다. 단, 단순히 취향의 문제로 편식하는 재료가 있다면(고수, 마늘, 케이퍼 등) 굳이 알릴 필요 없다. 당신의 평판만 나빠질 뿐이다. 여러 가지 이유로 특정한 식단을 먹어야 한다면 주최자에게 알려야 한다. 이때 주최자가 미리 준비한 음식 중 그냥 먹어도 괜찮은 것이 있다면 그 사실도 전달하자. 어느 정도로 엄격하게 식단을 준비할지는 결국 주최자가 결정해야 할 문제다.

다이어트 중이라면 파티 날이 '치팅데이'인지, 파티를 위해 나머지 며칠간 식단을 더 엄격하게 제한할지, 아니면 식단을 유지할지 미리 고민해야 한다. 다이어트를 포기하고 싶지 않다면 주최자에게 미리 알려서 당신의 식단 제한 때문에 분위기를 망치지 않도록 한다. 당신은 탄수화물 섭취를 제한하고 있더라도, 다른 손님들은 타르트 같은 디저트나 매시드 포테이토를 평범하게 즐길 수 있기 때문이다.

③ 작은 선물을 준비하면 좋다

초대를 받았다면 선물을 준비하자. 선물의 크기는 행사나 모임의 성격에 따라 달라진다. 생일파티라면 당연히 선물을 지참해야 한다. 다른 손님들도 모두 선물을 가져올 것이다. 친한 친구 네 명이 모여 간단하게 식사하는 자리라면 와인 한 병이나 곁들여 마실 다른 음료를 가져가거나, 파티가 끝난 다음 날 집주인이 열어보고 즐거워할 수 있는 작은 선물을 가져간다.

와인, 꽃, 초콜릿 같은 디저트 등은 평범하지만 가장

무난한 선물이다. 받는 사람 입장에서 꽃은 시들면 버리면 되고, 와인이나 초콜릿은 먹어버리면 되기 때문이다. 특정한 물건을 선물할 경우, 받는 사람이 '이 그림을 대체 어디다 걸지?', '벌써 꽃병이 열한 개나 있는데 새로운 꽃병을 어디다 두지?', '이 액자에 쓰인 문구를 읽어봐야 하나?'라고 고민해야 한다. 또 평범하지만 무난한 선물의 경우, 받는 사람이 원하지 않는다면 부담 없이 다른 사람에게 선물할 수 있다. 아마 10년째 지인과 친구들 사이를 돌고 도는 와인 병도 있을 것이다.

④ 말없이 음식을 만들어 가져가지 말자

당신이 요리나 베이킹에 재능이 있고, 남들에게 먹을 것을 베풀기를 좋아한다고 하더라도 초대를 받은 입장이라면 음식을 가져가도 될지 미리 주최자에게 물어봐야 한다("내가 티라미수를 만들어서 가져가도 될까?"). 만약 주최자가 준비한 음식의 종류와 당신이 가져가려는 디저트가 맞지 않는다면, 주최자는 그 디저트를 좋아하더라도 거절할 수 있다. 거절당했다고 해서 남을 탓하지는 말자. 우리는 모두 도움 주기를 좋아하지만, 그만큼 도움 받기를 어려워하는 사람도 많다. 어쩌면 주최자가 여태까지 당신에게 받았던 것에 대한 보답으로 파티를 준비했을 수도 있고, 자신의 요리 실력을 뽐내기 위해 모두를 초대했을지도 모른다. 어떤 경우든 당신과 당신이 만든 디저트의 맛과는 관계가 없으니 서운하게 생각하지 말자. 무슨 일이 있어도 먹을 것을 지참하고 싶다면 잼이나 쿠키, 소스, 유통기한이 긴 케이크 같은 것을 가져가자.

⑤ 너무 편식하지 말 것

인간은 특정한 먹이만 먹고 사는 동물이 아닌 잡식성이라 면이든 케첩이든 뭐든지 소화할 수 있다. 성인이라면 소화력이 더욱 좋다. 인간의 위는 생고기, 당근, 딱정벌레, 토마토처럼 약간의 독성이 있는 가지과 식물은 물론 올리브, 곰팡이 핀 치즈 등도 소화할 수 있다. 만약 특정 향신료, 간, 곰팡이 치즈가 진절머리 날 정도로 싫다면 피하면 된다. 다만 어떤 것을 싫어하기 전까지 적어도 열 번은 먹어보자. 알레르기 같은 문제가 없고, 먹을 수 있지만 단순히 먹기 싫은 식재료의 종류가 다섯 가지를 넘지 않도록 하자. 그 이상이라면 당신은 그저 편식이 심한 사람일 뿐이다.

만약 당신이 운동선수이거나 슈퍼모델이라면 먹을 것에 까다롭게 굴어도 좋다. 하지만 그렇지 않다면 편식이 심한 사람은 주변인들에게 그다지 매력적이지 않다. 먹기 싫다는 이유로 고수에 알레르기가 있다는 등 없는 알레르기를 지어내 말하는 건 개가 숙제를 먹어버렸다는 거짓말만큼 한심하다. 좋아하지 않는 식재료가 당신의 접시에 놓여 있다면, 조금 먹은 다음 가지런히 옆으로 치워두자. 괜히 난도질해서 형체를 알아볼 수 없게 만들 필요는 없다.

⑥ 대화의 기본 매너를 알자

주최자는 손님들을 위해 노력, 시간, 돈, 여러 생각을 투자했다. 그러니 깔끔한 옷을 입고 미소를 장착한 다음 주최자가 다음번에 당신을 또 초대하고 싶다고 생각하도록 행동하자.

가장 중요한 것은 휴대전화를 가방에 넣어두는 것이다. 몸에 지니고 있겠다면 적어도 테이블 위로 올리지는 말자. 누군가가 먼저 스마트폰을 꺼내면 다른 사람들도 모두 자기 휴대전화를 꺼낼 것이다. 집에서 오는 중요한 연락(베이비시터의 연락 등)은 받아야겠지만, 인스타그램이나 트위터, 업무상 이메일, 메신저 등은 나중에 확인해도 된다.

친구의 유머러스한 직장 동료가 20분 전부터 자신의 캐시미어 트레이닝 바지가 얼마나 완벽한지 설명하고 있는가? 아마도 그 사람은 당신과 마찬가지로 종교, 정치, 돈, 성적인 것과 관련이 없는 대화 주제를 찾으려고 노력 중인지도 모른다. 암묵적으로 금지된 대화 주제로 인한 뜬구름 잡는 이야기의 굴레를 끊고 당신 자신과 다른 손님들을 수렁에서 구하자. 가능하면 여러 사람이 관심을 가질 수 있는 주제를 생각하자. 소외되는 사람이나 충격 받는 사람이 없다면 새끼 고양이나 연예인, 부티크 등의 주제를 고르면 된다. 사실 대화 중 싸움이 벌어지는 이유는 대화 주제를 잘못 골라서가 아니라 정치 뒤에 숨은 오랜 반감과 절대 해소할 수 없는 세대 차이 때문이다.

어떤 주제로도 대화가 오래 이어지지 않는다면 그날 식탁에 오른 요리에 대해 이야기해도 좋고, 지난 휴가나 이번 주말의 계획에 대해 물어도 좋다. 누군가가 계속해서 혼자 떠들어댄다면 화학 시간이나 회계 회의 때 자주 쓰던 기술을 발휘하자. 은은하게 미소 지으며 다 알아들었다는 듯 고개를 끄덕이면 된다. 주최자가 맛있는 요리를 만들어 손님들에게 충분히 대접했다면 이야기의 흐름을 주도하는 것은 손님이 해야 할 일이다.

식사가 끝나면 보통 자리를 옮기거나 식탁을 정리하는데, 이때 앉은 순서를 바꿔 새로운 사람과 대화를 나눠도 좋다. 먼저 일어나야 할 때 술에 잔뜩 취해서, 혹은 내일 아침 일찍 회의가 있다거나 혼자 너무 떠들다가 목이 쉬었다며 퇴장하는 것은 우아하지 않은 퇴장 방식이니 주의하자.

⑦ 심사위원이 될 필요는 없다

테이블 장식 7점, 재미 8점. 메인 요리가 더 따뜻했으면 좋겠고, 수프는 별 맛이 없었으며 디저트로 나온 사과 파이는 지난번에 먹었던 것과 비슷했으므로 아쉽지만 음식은 6점. 평점은 후하게 쳐서 7점!

당신은 리얼리티 쇼 프로그램에 나와서 사람들이 만든 요리를 평가하는 심사위원이 아니다. 당신이 만든 레드와인 소스가 훨씬 맛있을 수도 있고, 당신이 만든 고기완자가 훨씬 부드러울 수도 있다. 그렇다면 좋은 일이다. 하지만 지금 현재 식탁에 둘러앉은 사람들은 관심 없을 이야기다. 아무리 비난도 달게 받겠다는 열정적인 요리사라도 계속해서 지적당하고 싶지는 않을 것이다. 주최자도 마찬가지다. 당신을 초대한 사람은 비평이 아니라 인정과 감사를 받아야 한다. 주최자가 자신이 만든 요리에 대해 자기비판을 하더라도 그 함정에 빠져 동조해서는 안 된다. 당신의 이모가 자신이 만든 음식을 두고 너무 기름진 것 같다고 열두 번 정도 말한다면 당신은 그때마다 아니라고, 맛있다고 말할 것이다. 그러니 주최자가 자기비판을 하더라도 맛있다고 칭찬해주자.

⑧ 바쁜 주최자를 돕는 방식

도움은 당신이 지참한 사과파이 같은 것이어야 한다. 제안할 수는 있지만 강요해서는 안 된다. 주최자 혹은 집주인이 접시를 옮기느라, 설거지를 하느라, 와인의 코르크를 따느라 고군분투하고 있는가? 그렇다면 도와줘도 되는지 물어보고 도움에 나서도록 하자. 주최자가 당신의 도움을 원치 않는다면, 괜히 냉장고와 가스레인지 사이를 어슬렁거리며 방해하지 말자. 오븐에서 구워지는 중인 요리를 들여다보며 한마디 거드는 것은 더욱 좋지 않은 행동이다. 당신과 다른 손님들이 즐겁게 대화를 나누고, 음식과 테이블 장식을 칭찬하고, 서로의 옷을 칭찬하고, 아이들이 그린 그림을 칭찬하는 것이 주최자에게는 가장 큰 도움이다.

⑨ 마지막까지 남아 있지 않기

다들 자리를 떠났고 시간은 어느새 자정을 넘겼다. 당신이 혼자 마지막까지 자리를 지키고 있다면 그건 당신에게나 좋은 일이니, 대세를 따르도록 하자. 다른 사람들이 일어설 때 같이 일어나 자리를 떠나자. 한 가지 더. 주최자가 먼저 나서서 집에 가려는 손님들을 말리며 더 있다가 가라고 말하지 않는 이상, 당신이 나서서는 안 된다. 박수칠 때 떠나라는 말이 있듯이, 파티나 행사도 가장 즐겁고 아름다울 때 마무리해야 한다. 암묵적인 동의를 믿고 다른 손님들과 함께 자리를 끝내도록 하자. 물론 언제든 예외는 있다. 주최자가 가장 친한 친구이고, 다음 날 뒷정리를 도와주기로 약속했다면 계속 머물러도 좋다.

⑩ 주최자에게 전하는 사과 혹은 고마움

친구들끼리 모여 생일을 축하하는 평범한 자리였다고 하더라도, 주최자는 손님들을 즐겁게 할 파티를 준비하느라 시간과 돈, 노력을 쏟았다. 만약 당신이 식사 자리에서 평소와 다른 언행을 했다면 제대로 사과하자. 주최자와 1986년부터 알던 사이라고 해서 앞으로도 당신이 그 사람의 집에 항상 초대받으리라는 보장은 없다. 유리잔을 깨뜨렸다면 보상해야 하고, 대화나 분위기를 망쳤다면 해명해야 하고, 주최자를 도와주지 못했거나 혼자서 와인을 반병이나 마셨다면 사과하며 앞으로 그럴 일이 없을 것이라 장담해야 한다. 다른 손님들까지 소동에 휘말리게 했다면 당연히 그들에게도 따로 사과해야 한다. 당신이 용서받았는지는 다음번 모임에 초대받는지 여부에 따라 알 수 있다.

모임이 끝나면 며칠 이내에 주최자에게 꼭 감사 인사를 해야 한다. 감사할 때는 성의를 보이자. 모임 다음 날 메신저로 고마웠다고 말하고 엽서나 꽃다발을 보내도 좋다. 모임 날 찍은 사진을 보내거나 와인을 선물할 수도 있다.

어느 정도 시간을 두고 당신 또한 상대방을 초대해 대접하자. 그렇게 끊임없이 이어지는 메뉴 고민의 굴레와 영원히 여러 사람의 집을 전전하는 초콜릿 선물이 생겨난다.

6장 크리스마스를
기분 좋게 보내는 법

12월 24일 이른 저녁부터 크리스마스의 마법이 시작되고,
탈력과 기쁨이 사실 종이 한 장 차이라는 것을 깨달을
때마다 우리는 매년 새로운 것에 감동받고 또 놀란다.
그러나 만족스러울 정도로 적당히 피곤한 상태와 온 힘을
쏟아부어 완전히 피폐해진 상태의 차이는 그리 크지 않다.
크리스마스트리를 보고 기뻐할 힘이 남아 있다면
그곳이 당신의 휴식처다.

크리스마스! 특히 12월 24일만큼 많은 사람들이 손꼽아 기다리는 축제는 없다. 크리스마스이브에는 고향에 돌아온 기분, 가족의 의미, 평온한 명상, 휴머니즘, 관대함, 행복 등을 느낄 수 있다.

동시에 우리는 세계적인 규칙 때문에 정신을 바짝 차려야 한다. 크리스마스라면 으레 해야 하는 일들이 있다. 정리정돈과 청소를 하고, 쇼핑을 하고, 선물을 보내고, 반송된 엽서나 선물을 정리하고, 집 앞을 가로막고 있는 택배회사 차량에 화도 내야 한다. 사람들은 돈 쓸 일이 늘었다고 불평하면서도 크리스마스를 위해 연말 보너스를 탕진한다. 가족 간의 모든 불화를 다시 곰곰이 곱씹어보다가도 남

편의 동생이 깨진 미드센추리 인테리어 설탕통의 대체품을
인터넷의 저렴한 잡화점에서 찾아낸 일이 떠올라 마음이
따뜻해진다.

12월 24일 이른 저녁부터 크리스마스의 마법이 시작
되고, 탈력과 기쁨이 사실 종이 한 장 차이라는 것을 깨달
을 때마다 우리는 매년 새로운 것에 감동받고 또 놀란다.
그러나 만족스러울 정도로 적당히 피곤한 상태와 온 힘을
쏟아부어 완전히 피폐해진 상태의 차이는 그리 크지 않다.
크리스마스트리를 보고 기뻐할 힘이 남아 있다면 그곳이
당신의 휴식처다.

크리스마스 분위기를 제대로 내는 법

나무를 직접 구해야 할까?

아동문학가 아스트리드 린드그렌의 동화에는 불러뷔
마을이라는 곳이 등장한다. 불러뷔 마을에서는 어른들이
크리스마스 분위기에 잔뜩 신이 난 아이들을 데리고 숲에
가서 나무를 베어 그 나무로 크리스마스트리를 꾸민다. 목

가적인 분위기를 풍기면서도 대단히 간단한 일이다. 불러 뷔 마을의 어린이들은 여름이면 지나가는 자동차 앞에 뛰어들어 차를 멈추고 자신들이 딴 체리를 판매하기도 한다.

크리스마스트리로 쓸 나무를 기꺼이 나서서 직접 구하는 상상을 해보자. 직접 나무를 벤다면 팔 근육과 녹슨 톱을 다루는 손재주와 녹아서 질척해진 눈에도 아랑곳하지 않는 인내심을 기를 수 있을 것이다. 이 중 어떤 것도 얻을 수 없다면 아마도 가족 간에 고성이 오고 가고, 결국 경험 많은 심리학자에게 부부 상담을 받는 것이 더 도움이 될 것이다. 정신건강을 위해 조금 비싸더라도 나무를 구입하도록 하자. 크리스마스이자 연말이니 나무를 벨 힘을 아껴 다른 곳에 쏟는 편이 좋다. 소비를 줄이고 싶다면 나무 대신 나뭇가지를 구해 크리스마스 장식으로 꾸며 걸어두도록 하자.

좋은 음악을 선곡하는 방법

〈산타 베이비Santa Baby〉 같은 유명한 크리스마스 노래처럼, 크리스마스에 잘 어울리는 노래를 골라야 크리스마스 분위기를 더욱 들뜨게 살릴 수 있다. 〈썰매를 타고〉, 어린이

합창단의 노래, 브라스 밴드의 연주곡, 찬송가 등 크리스마스의 단골 음악을 듣고서 마음이 설레지 않는다면 감정이 메마른 사람일 것이다. 그런데 모든 크리스마스 노래가 다 같은 크리스마스 노래가 아니다. 교회의 종소리나 부드러운 멜로디는 쿠키를 굽는 냄새나 뱅쇼의 향, 눈 스프레이보다도 더 크리스마스 분위기를 자아낸다. 머라이어 캐리의 〈올 아이 원트 포 크리스마스 이즈 유 All I Want for Christmas Is You〉나 웸! Wham! 의 〈라스트 크리스마스 Last Christmas〉, 폴 매카트니와 프랭크 시나트라의 크리스마스 관련 노래가 있으면 분위기를 띄울 수 있다. 바흐의 〈크리스마스 오라토리오〉의 1곡 합창 '축하하라, 이 좋은 날을'처럼 크리스마스 분위기를 풍기는 클래식 음악도 있다.

당신이 음악에 일가견이 없는 사람이라도 걱정할 필요 없다. 〈즐거운 성탄절〉이나 〈기쁘다 구주 오셨네〉 같은 캐럴을 고르면 된다. 크리스마스에 그리 큰 의미를 부여하지 않는다면, 원하는 노래를 선곡하면 된다. 크리스마스가 당신에게 '천국으로 가는 계단'이든 '지옥으로 가는 고속도로'이든 당신이 고른 노래가 당신의 마음을 대변할 것이다.

세련되게 꾸며야 할까?

이것은 어떤 축제나 행사에 가든 가장 먼저 떠오르는 의문이다. 당신이 초대받은 파티의 성격에 따라 준비해야 할 옷차림이 다르니, 과거를 회상하면 도움이 될 것이다.

만약 당신의 어머니가 크리스마스에 온 정신을 쏟으며 11월 초부터 은 식기를 닦는 사람이고, 크리스마스 당일이야말로 1년 중 유일하게 풍성하고 맛있는 음식이 식탁에 오르고 고급 식탁보가 찬장 밖으로 나오는 날이었다면? 혹은 가족들이 크리스마스를 대수롭지 않게 생각해서 크리스마스 당일이란 평소와 비슷한 음식이 식탁에 오르고 선물 교환도 하는 둥 마는 둥이고 매년 재방송되는 〈다이하드〉를 스무 번째로 보는 날이었다면?

어쨌든 특별한 날에는 평소보다 옷차림에 두 배 정도 더 신경을 써야 당신의 삶이 조금 편해진다. 만약 손님인 당신보다 주최자가 차린 식탁의 차림새가 더 멋지다면 주최자는 손님들이 파티를 진지하게 받아들이지 않았다고 생각할 것이다. 그러면 분위기가 가라앉는다.

플레이스테이션 게임이나 하는 편안한 자리더라도 얼마든지 반짝이 드레스를 입을 수 있을 것이다. 입은 옷이 아깝다면 그다음에 곧장 다른 파티에 가도 좋다. 너무 허름한 옷차림을 하면 나쁜 의미로 대담하면서도 덜 성숙해 보일 것이다. 실제로 그럴지도 모른다.

어떤 옷을 입어야 할지 잘 모르겠다면 우선 두껍게 입자. 크리스마스 축제나 파티의 성스러움은 너무 좋은 옷을 입은 사람들이 아니라 소비에 미친 사람들 때문에 변질되기도 한다. 사실 크리스마스 파티는 우리가 자신을 드러낼 기회다. 애슬레저athleisure나 스마트 캐주얼, 드레스 다운이 유행하는 요즘, 12월 25일 하루만이라도 스스로를 화려하게 꾸미면 어떨까? 파티에서 달콤함과 술에 취해 인사불성이 될 가능성이 있다면 홈웨어를 지참해도 좋다.

즐거운 날의 인간관계 대처 요령

마음에 안 드는 선물을 받았을 때

누구나 마음에 안 드는 선물을 받아서 몇 년이 지날 때까지 포장조차 뜯지 않은 채 방치한 경험이 있을 것이다. 아이나 시부모로부터 갑자기 양말이나 속옷을 선물 받을 때도 있다. 주방용품을 받을 수도 있고, 소음이 너무 큰 데다 3일 만에 고장 나는 싸구려 전자제품 장난감을 아이에게 주라며 선물로 받을지도 모른다.

원치 않는 선물을 받거나, 상대방이 나를 고려하지 않고 고른 것처럼 보이는 선물을 받거나, 최악의 경우 미리 약속한 것과 다른 선물을 받더라도 일단은 과장된 반응을 보이자.

상대방에게 기꺼이 호들갑스러운 반응을 보이지 않는다면 앞으로 마음이 깃든 선물을 받기 어려울 테고 크리스마스 분위기를 깨는 사람이라는 말을 들어야 할 것이다. 선물이 마음에 들지 않더라도, 그 안에 숨겨진 좋은 의도를 찾으려고 노력해야 한다.

희한한 선물을 받았다면 고마움을 깨우칠 정신수양이라고 생각하는 편이 좋다. 그리고 크리스마스란 다른 사람들의 부족함을 이해하고 넘어가는 날이라는 사실을 상기하자. 자신의 부족함은 말할 필요도 없다.

어색한 침묵은 게임으로

단체 게임이야말로 대화 중 발생하는 침묵을 메울 가

장 좋은 방법이다. 카드게임이나 보드게임 같은 간단한 게임은 무심코 엉뚱한 방향으로 흐른 농담을 묻어버리고 스멀스멀 올라오는 공격성을 방출하는 데 도움이 된다. 그런데 부동산이나 재산 증식형 보드게임처럼 시간이 오래 걸리는 게임은 5시간 동안 게임을 하느라 완전히 지친 승자한 명과 짜증이 난 패자 세 명을 탄생시키며 갈등을 고조시킬 우려가 있다. 나의 시어머니는 즉흥적으로 시를 쓰는 게임을 좋아한다. 모든 사람이 종이를 한 장씩 받고 시의 첫줄을 쓴다. 그런 다음 종이를 접어 마지막 단어만 보이도록한다. 그리고 종이를 옆 사람에게 넘긴다. 다른 사람의 종이를 받으면, 마지막 단어와 운율을 맞춰 시의 다음 줄을적는다. 이렇게 종이를 몇 차례 돌리고 나면 한 편의 시가완성된다. 마지막에는 도무지 무슨 소리인지 모를 괴상한시를 읽으며 즐기면 된다.

자꾸 분위기를 망치는 사람이 있다면

어느 가정에나 마치 의기양양한 마약탐지견이라도 된양 모든 것을 들쑤시고 트집을 잡으며, 제 딴에는 재미있는농담이라고 던진 말로 다른 사람들을 기분 나쁘게 하는 사람이 있다. 그럴 때는 요가 선생님이나 복싱 선생님이 한 말을 떠올리거나 마음챙김 명상 앱을 켜야 한다.

조언이나 마음챙김 명상이 당신의 정신건강에 어떤 도움이 될까? 아무런 도움이 되지 않을지도 모른다. 당신은 상대방의 도발을 그저 흘려보내야 한다. 심호흡을 하고, 열까지 숫자를 세자. 식사 자리의 분위기를 망친 그 '빌런'과 달리 당신은 어른이라는 점을 보여줘야 한다.

가족 간의 마찰을 어떻게든 풀어야겠다는 충동과 싸우자. 진심으로 서운하더라도 논쟁은 다음으로 미루자(그렇다고 다른 가족행사 때로 미뤄서는 안 된다).

그런데 정말로 참을 수 없다면, 혹은 상대방이 왜 아직도 아이가 없느냐, 왜 아직도 결혼 상대가 없느냐, 왜 아직도 집을 못 샀느냐, 왜 아직도 삶의 목표가 없느냐고 묻는 말에 벌써 다섯 번 이상 인내심을 발휘해 대답해줬다면, 이렇게 말하고 분명히 선을 긋자.

"내가 선택한 인생에 이러쿵저러쿵 말하지 말아줄래? 나도 네 인생에 참견 안 하잖아? 아직도 아이가 없는지는 왜 묻는데? 내가 언제 네 결정에 딴죽 건 적 있어?"

일침을 가할 대답을 찾기보다는(그런 답변은 새해가 지나고 나서야 떠오르게 마련이다) 일반적인 답변을 하자. 상처받은 부분을 유머로 승화해 받아치는 방법도 있지만("우리 집 유전자를 생각해보니까 아이를 안 낳는 게 낫겠더라고") 논쟁이 더욱 격해질 우려가 있다.

인종차별주의자인 친척을 어떻게 대할까?

외국인을 진심으로 혐오하는 인종차별주의자는 다행히 날이 갈수록 줄어드는 추세다. 인종차별주의자들은 일상에서는 눈에 잘 띄지 않으며, 특정 정당을 지지하거나 자신들만의 비밀 대화방을 만들어 활동한다. 문명화된 가족 구성원들이라면 애초에 인종차별과 같은 주제를 입에 올리지 않으니, 그런 대화가 오고 갈 이유도 없다.

그러나 아직 우리 주변에는(대부분 나이 든 가족 구성원이지만 꼭 그렇지만은 않다) 성차별주의자(주로 엄마들만 비판한다), 사실을 잘 모르면서 오로지 자신의 의견만이 옳다고 믿는 사람, 인종차별주의자(아무렇지 않게 다른 인종을 비하하는 표현을 사용한다)가 있다. 나이 많은 친척이 외국인을 비하하거나 코로나 예방 접종을 받은 조카에게 빌 게이츠가 칩을 심은 것이라고 음모론을 펼친다면, 어떻게 해야 할까?

이미 다른 가족 구성원들과 해당 주제에 대해 충분이 논의하고 의견을 나눈 적이 있다면, 올해는 더 이상 식사 자리에서 국가의 이민자 정책이나 젠더 관련 논의를 듣고 싶지 않다고 강경하게 말하는 편이 좋다. 그래야 앞으로 식사 자리에서 관련 주제가 절대 등장하지 않는다.

만약 아직 그런 논쟁을 한 적이 없는 친척 어른이 이 주제를 꺼낸다면 이번에는 그 사람과 논쟁의 끝을 봐야 한다. 친척 어른에게 그런 단어나 표현은 더 이상 사용하지 않는다고 설명해야 하는 상황 자체가 마음 아프다면 늘 두 가지를 생각해야 한다. 첫째, 그 어른이 여태까지 관련 논의를 한 번도 들어본 적이 없었을 거라고 생각한다. 둘째, 잘못된 표현은 그 사람의 인격 중 한 부분이라고 생각한다. 물론 사람이 멍청하면서 동시에 똑똑하다는 것만큼이나 모순적인 이야기지만, 당신도 그러하듯 인간은 멍청하면서 동시에 똑똑할 수 있다.

상대방의 의견에 동의하지 않더라도 대화를 계속 이어가며 상대방을 이해해보려고 노력하는 방법도 있다. 상대방의 의견을 경청한다면 당신이 의견을 논할 때 상대방 또한 들어주고 곰곰이 생각할 것이다.

과격한 극단화가 점점 늘어나고 많은 사람들이 필터버블에 갇힌 요즘 같은 때에 정치적인 주제를 아예 배제하는 것은 문제를 해결하는 올바른 방법이 아니다. 어쩌면 당신이 당신의 가족들 중 이성적인 사고를 유지하고 있는 마지막 사람인지도 모른다. 어쩌면 이성적 사고의 마지막 피난처가 극소수일 수도 있고 존재하지 않을 수도 있다. 어쨌든 자신의 입장을 명확히 밝히고 평화라는 미명 아래 논쟁을 독단적으로 끝내지 않는 것이 개인의 정신건강에 좋다. 만약 논쟁이 개인적인 것으로 변하거나 다시 처음으로 돌아가 반복된다면 그때는 화제를 전환해야 한다.

정치 성향이 다른 친척에게는?

만약 정치 성향이 극단적으로 다른 친척이 있다면 주최자는 크리스마스 파티의 책임자로서 다른 친척들 및 손님들을 보호해야 한다. 손님들은 주최자의 편, 당신의 편 혹은 그 친척의 편을 들 수 있다. 우리는 정치적인 시대에 살고 있고 모든 사람이 원하든 원치 않든 정치적 담론에 참여하고 있다. 중립적인 태도에도 나름의 장점이 있다. 혐오와 경멸이 주된 분위기가 되면 언제든 양심의 가책 없이 대화를 거부할 수 있다. '논쟁이란 어려운 것이지만 할 만한 가치가 있는 것'이라는 생각과 '제발 나는 빼고 이야기하길'이라는 생각을 구분하는 선은 모든 사람이 스스로 정해야 한다. 그건 캔슬 컬처^{cancel culture}(나와 생각이나 의견이 다른 사람에 대해 팔로우를 취소하는 것을 뜻한다—옮긴이)나 마찬가지라고 불만을 토로하는 사람이 있다면 알아둬야 할 점이 있다. 태도가 좋지 않은 사람들은 100년 전에도 파티에 초대받지 못했다.

회사의 파티에서는 어떻게 행동해야 할까?

회사에 고용된 노동자들은 크리스마스 파티나 연말 파티를 공포와 관음증이 섞인 시선으로 바라보는 한편, 프리랜서나 공유 오피스에서 일하는 사람들은 자발적으로 파티를 주최하기도 한다. 평소 혼자 일하는 사람들에게는 타인과 함께 관습에 따른 단체 행동을 하는 것이 소속감을 주기 때문이다. 그 결과는 제각각이다.

회사에 고용된 노동자들은 크리스마스 파티 자리에서도 계속해서 타인을 관찰하고 관찰당하며 권력 구조의 일부분으로서 머물러야 하지만, 프리랜서나 공유 오피스에서 일하는 사람들은 위계 구조에서 벗어나 있다. 이들은 원하는 공간에서 일하고, 고객과도 자주 마주치지 않으며 고객을 만나더라도 조금 더 편안한 장소에서 만날 수 있다. 그래서 프리랜서나 공유 오피스 노동자들은 축제나 파티, 행사를 즐길 여유가 있으며 알코올이나 서로 간의 관심, 비밀스러운 입맞춤을 나누고 뜨거운 파티 분위기에 열중한다.

대부분의 사장이나 부서장들은 크리스마스 파티가 사육제나 맥주 축제인 옥토버페스트처럼 직원들의 스트레스 배출구가 된다는 사실을 잘 알고 있다. 이때 직원들은 알아서 스스로를 통제하든지(그래야 다음 날 탈이 없다), 완전히 고삐를 풀어버리든지(이성을 온전히 지키는 게 능사는 아니다) 둘 중 하나를 선택해야 한다. 술 앞에서 자제력을 잃은 직장 동료는 따뜻한 눈길로 지켜봐야 한다. 자제력을 잃는 것이 프로테스탄티즘보다는 훨씬 유쾌하기 때문이다. 당신 또한 술에 거나하게 취해 인사과장과 춤을 추다가 넘어지는 추태를 보일 수 있으니, 그때 동료들이 따뜻한 눈으로 봐주기를 바란다면 당신도 동료들을 감싸주도록 하자.

특별한 날을 더더욱 기분 좋게 보내는 법

크리스마스 같은 날을 그냥 넘어가도 될까?

인생을 39년쯤 살고 보니 크리스마스에 가족과 함께 감자 샐러드를 먹고 식탁에 장식용 촛대를 세워두기보다 다른 일을 하고 싶다는 마음이 들기도 하는가? 혹은 당신의 자녀들이 이미 모두 결혼해 저마다 가정을 꾸렸고, 누가 언제 누구와 무엇을 먹는지를 저마다 따로 결정하기 시작했는가? 선물을 고를 생각에, 그리고 당신이 받은 선물로 생긴 포장지와 상자 따위의 쓰레기를 처리할 생각에 골머리가 아픈가?

조모 JOMO, joy of missing out(관계를 단절하고 혼자만의 시간을 즐기는 것을 말한다. 특히 SNS 계정을 삭제하는 등 온라인상의 관계를 끊고 자기만의 생활을 즐기는 것을 뜻한다—옮긴이)를 원하는가? 크리스마스부터 연초까지 2주 정도 혼자 시간을 보낼 호텔이나 별장을 예약하려면 여름 성수기 때와 비슷한 돈이 들 것이다. 물론 당장 가방을 싸서 혼자, 혹은 가장 사랑하는 사람과 바다나 산으로, 외국의 열대 우림으로 떠날 수도 있다. 하지만 많은 사람이 참석하는 크리스마스 같은 날의 파티를 거부하는 것은 자칫 반항으로 비치거나 뒤끝이 좋지 않을 수 있으므로 당신을 변호할 준비를 충분히 해두는 편이 좋다.

요리 준비

요리에 일가견이 있는 사람이 아니라면 오래전부터 전해져 오는 집안의 전통적인 요리를 하자. 전통에는 여러 장점이 있다. 우선 주최자는 물론 손님들도 모두 하나가 되는 기분을 느낄 수 있다. 아이들 또한 크리스마스 분위기를 충분히 느낄 수 있을 것이다. 게다가 이미 수십 년 전부터 레시피가 전해져 내려오며 맛이 충분히 검증된 음식을 준비하면 주최자로서 수고를 덜 수 있다.

같은 음식이라도 지역에 따라 조리법이나 재료가 조금씩 다르기도 한데, 선택지가 여러 가지라면 당신의 입맛에 맞는 레시피를 고르자. 크리스마스 저녁을 위해 육해공의 모든 육류를 사용해 상다리가 부러질 정도로 음식을 차려내는 집도 있는데, 이렇게 많은 음식을 준비하려면 시간의 압박과 요리를 해야 한다는 스트레스에 시달리겠지만 가족들이 모두 모여 함께 장을 보러 간다면 재미있을 것이다.

마지막으로 과일이나 직접 만든 디저트를 선보인다면 손님들이 즐거워할 것이다.

매년 대가족을 위한 음식을 준비해야 한다면 고기퐁뒤 같은 간단한 일품요리를 준비할 수 있다. 손님들에게 각자 요리를 하나씩 준비해 오라고 부탁할 수도 있다. 만약 각자가 요리를 준비해 한 집에 모인다면 요리하느라 분주한 시간이 줄어들기 때문에 아이들과 함께 선물을 풀며 즐거워할 시간이 늘어난다.

칼로리 고민

이날 하루 때문에 살이 찌는 것이 아니다. 나머지 364일 동안에도 계속 먹었기 때문에 그렇다. 12월 한 달 동안만 조금 자제하면(예를 들어 쿠키를 종류별로 다 먹을 필요는 없다) 크리스마스 때는 부담을 조금 덜 수 있을 것이다. 연휴 동안 맛있는 음식을 포기하는 일은 의미 없는 짓이다. 크리스마스 연휴는 비키니를 입을 꿈을 안고 몸매를 가꾸려고 노력해야 할 때가 아니라 편안하게 앉아 넷플릭스를 멍하니 보거나 〈나 홀로 집에〉를 서른 번째로 보아야 하는 때다.

산책 갈 마음도 없다면 그냥 집에 있으면 된다. 집에서 숙취 때문에 소파에 드러누워 옛날 드라마를 보며 쿠키를 먹고 다음 해에 다시 열심히 일할 에너지를 비축하면 된다. 어느 순간 분명히 새로운 결심이 들 것이다.

강림절 기간 동안 단식?

단식을 반드시 해야만 하는 건강상 혹은 종교상의 이유가 없다면 아마 강림절 기간 동안 굳이 단식을 하는 사람은 많지 않을 것이다. 안 그래도 고된 우리의 삶을 더 힘들게 할 필요는 없으니 말이다. 한편으로 크리스마스 전에 단식을 경험하면 몸을 돌보는 데 좋다. 단식을 해서 위를 줄이고 몸을 비우면 크리스마스 동안 쿠키나 케이크나 과자 등을 과식하지 않을 수 있기 때문이다. 맛있는 것을 잔뜩 먹고 싶은 소망을 괴롭더라도 조금 억누르면 크리스마스의 선물과 음식을 더욱 행복하게 즐길 수 있을 것이다.

크리스마스 전 40일 동안 단식을 하는 등 극단적인 조치를 취할 필요는 없다. 무엇이든 때때로, 조금씩 자제하는 것만으로도 너무 깊은 유혹에 빠져 자기혐오에 시달리지 않을 수 있다. 저마다 가진 약점이 다르기 때문에 어떤 사람은 단것을, 어떤 사람은 술을, 어떤 사람은 SNS를 조금씩 줄여야 한다. 그러나 평소에 욕구를 잘 통제하며 살던 사람이라면 즐기고 싶은 마음을 심하게 억제하지 않아도 된다. 다만 자제심을 잃기 쉬운 사람이라면 크리스마스를 앞두고 혼자만의 극기 훈련을 하는 것이 앞으로의 자신에게 도움이 된다.

술에 의지해야만 참을 수 있는 관계라면

배우 하랄트 윤케는 "내가 정의하는 행복이란 아무 약속 없이 가만히 앉아 있는 것이다"라고 말했다. 당신에게도 해당하는 말일지 모른다. 일단 음식이 식탁 위에 올라오면 지켜야 할 의무란 없다. 그런데 가족 간의 분위기가 정치 이야기 등으로 고조되기 시작한다면 그때부터는 크리스마스가 곧 지옥으로 변하리라 예상해야 한다. 포커페이스나 평정심을 유지하고 자신의 내면에만 신경 쓰려면 엄청난 집중력과 자제력이 필요한데, 이런 험난한 상황을 이겨내는 일에 약간의 알코올은 별 도움이 되지 않는다. 완전히 취해야만 가족들을 감당할 수 있는 수준이라면, 차라리 몇 주 전에 비행기 티켓을 사서 섬으로 떠나거나 친구 집으로 피신해 크리스마스를 보내는 편이 좋다. 견디기 힘든 사람들과 억지로 크리스마스를 보내는 일은 아무 의미가 없는 행동이며, 자신의 영혼을 혹사하는 것일 뿐만 아니라 손님으로 참석한 다른 사람들에게도 못할 짓이다.

선물을 주고받는 매너

동료에게 선물을 줘야 할까?

동료나 옆 사무실 사람들에게 선물을 주는 것은 친절한 마음에서 우러난 행동이지만, 뒤탈이 발생할 수 있으니 조심해야 한다. 당신이 선물을 주기 시작하는 순간 다른 동료들 또한 선물을 줘야 한다는 압박에 시달리며 결국 사무실 내에서 '작은 선물 경쟁'이 벌어질 우려가 있다. 그리고 그 선물들은 결국 쓰레기통에서 최후를 맞이한다. 베이킹을 할 줄 안다면 과자를 잔뜩 구워 탕비실 등 공용 공간에 두고 다른 직원들이 각자 먹도록 하는 편이 좋다. 회사 밖에서도 따로 만날 정도로 개인적으로 친한 동료에게 선물을 주고 싶다면, 선물 또한 회사 밖에서 주도록 하자.

아이에게 선물을 몇 개나 줘야 할까?

심리학자 조지 아미티지 밀러가 발견한 마법의 수가 있다. 그것은 바로 단기기억에 저장되는 용량으로, 7±2다. 즉 인간의 단기기억력으로는 대략 일곱 가지 정보만 한 번에 기억할 수 있다. 그러니 아이에게도 선물을 너무 많이 줄 필요 없다. 그리고 아이에게 가질 수 있는 물건에는 한계가 있다는 사실을 알려주는 것도 중요하다. 네 가지 법칙에 따라 선물을 고르자. 꼭 필요한 것, 아이가 원하는 것, 책, 옷가지다(아이가 미지근한 반응을 보이더라도 어쩔 수 없다).

선물 교환을 하지 않아도 될까?

선물 교환을 하지 않겠다는 것은 이루기 힘든 소망이다. 더욱이 집으로 배달되는 택배의 수를 줄이는 데도 별 도움이 되지 않는다. 선물을 교환하지 않으려면 모두의 동의가 필요하다. 그래야 나이 든 할머니가 스웨터를 입고 직접 선물을 전해주러 찾아와서 모두가 당황하는 상황이 연출되지 않는다. 선물을 교환하지 않기로 동의하더라도, 첫해에는 약속이 완전히 지켜지지 않을지도 모른다. 하지만 3년 정도 이어가면 새로운 전통이 탄생할 것이다.

올바르게 기부하는 방법

연말에는 기부하는 사람들이 많다. 그러나 기부 또한 올바르게 해야 한다. 모든 것을 가졌으며 어떤 것도 필요하지 않은 사람과, 선물을 받으면 기뻐하겠지만 자신이 남의 기부나 도움을 받을 정도로 절박한 곤경에 처했다고 생각하지 않는 사람 사이에 불균형이 발생할 수 있기 때문이다. 어떤 사람들은 크리스마스 단체 행사 때가 아니라 자신의 생일을 기념해 개인적으로 기부하여 젊은 세대나 경제적으로 풍족하지 않은 가족 구성원들이 도덕적인 압박에 시달리지 않도록 배려한다. 여러 사람이 함께 기부할 때는 기부의 목적이 같아야 하고, 가장 반대 의견이 적은 곳을 골라 기부해야 한다. 기부 영수증은 나중에 연말정산이 가능하므로 사회적으로 장려되고 있다.

받은 선물을 교환하거나 중고로 팔아도 될까?

받은 선물이 마음에 안 든다면 다음 날 아침에 다른 사람에게 몰래 교환이 가능한지 물어야 한다. 현명한 사람은 이런 문제를 늘 염두에 두기 때문에 선물을 줄 때 영수증을 동봉한다. 필요하지도 않고 좋아하지도 않는 물건을 굳이 소유할 필요는 없다. 공간 또한 소중한 자산이며 요즘 같은 과소비 시대에는 잘못 산 물건을 그것이 꼭 필요한 사람에게 주는 것이 오히려 더 바람직하기 때문이다. 크리스마스가 지나고 나면 중고 거래 사이트가 활발해진다. 그러나 선물한 사람의 입장에서는 서운한 일이다. 받은 선물을 곧장 돈으로 바꾸면 당신은 차갑고 계산적이고 고마움을 모르는 인물로 보일 것이다. 어쨌든 선물을 버리거나 구석에 처박아두고 먼지만 쌓아두기보다는 차라리 다른 사람에게 주는 편이 좋다.

크리스마스에 관한 여러 가지 생각

평소 성당에 가지 않는데 크리스마스 미사에 가도 괜찮을까?

미사는 보통 결혼식, 장례식, 크리스마스에 주로 진행된다. 1년 중 12월 25일 단 하루만 미사에 참석한다고 해서 양심의 가책을 느낄 필요는 없다. 애초에 독실한 신자도 평소에는 날씨가 좋기를 기도하는 데 그칠 뿐이다. 크리스마스를 절호의 기회로 삼아도 좋다. 아이들에게 미사의 기본을 알려줄 좋은 기회이자 크리스마스 시즌이 아니어도 평소에 미사에 참석하고 싶은지 스스로에게 물을 기회다.

하지만 평소에 미사에 자주 참석하던 사람이라면 신경 쓸 필요 없다. 크리스마스를 조금 더 숭고한 것으로 느끼고, 선물을 집 안 곳곳에 숨기기 전에 아이들을 잠시 집 밖으로 유인하기 위해 미사를 이용하는 것도 나쁘지 않다.

다만 미사에 참석하기로 결심했다면 단정하고 예의 바른 태도를 보여야 한다. 아무리 이기적인 이유로 기독교의 전통을 이용하더라도 기꺼이 성금을 내는 편이 좋다. 크리스마스 기간에 모인 성금은 성당이나 교회 자체적으로 쓰이는 것이 아니라 다른 사람들을 돕기 위해 쓰이기 때문이다. 평소에 가난한 이들과 나누고 살지 않았다면 크리스마스 때만이라도 성금을 기부하자. 많은 사람들이 기독교적인 믿음이라고 동의할 수 있는 것이 연민과 이웃 사랑이기 때문이다.

기독교인이 아닌데 크리스마스를 즐겨도 될까?

기독교라는 종교에 아무런 관심이 없는 사람에게는 크리스마스도 그다지 중요한 행사가 아닐지 모른다. 그런데 주기도문을 전부 외우는 사람들만이 크리스마스를 축하하고 즐길 수 있다면, 아마 12월 25일은 소규모 행사가 되고 관련 산업은 무너져버릴 것이다. 크리스마스와 그 이전 기간은 점점 세속화됐기 때문에, 사실상 오늘날의 크리스마스는 종교와는 거의 관련이 없다. 크리스마스라는 축제가 거의 절반 정도는 기독교와 관련이 없어지면서 대부분의 사람들이 크리스마스를 즐기고 있다. 옥토버페스트 때 외국인들이 저렴한 디른들(바이에른 지역의 전통 의상이다—옮긴이)을 입고 전체의 일부분이 되어 축제를 즐기는 것처럼 말이다.

무엇보다 기독교는 전도적인 믿음을 앞세워 민속적인 가치를 발전시키기도 했지만 한편으로 수천 년 묵은 반유대적이고 반이슬람적인 전통을 고수하며 다른 모든 종교를 적대시했다. 소수자로서 혹은 보호받지 못한 사람으로서 크리스마스라는 축제에 끼고 싶지 않다면 얼마든지 물러나 있으면 된다. 만약 기독교인 사람들이 자녀가 다른 종교의 축제를 함께 즐기지 못하도록 한다면, 크리스마스 또한 다수 문화의 축제로만 남아서 다른 이들로부터 소외당하면 된다.

얼마나 해야 '과한' 걸까?

크리스마스 축제를 즐기기 위해 SUV를 타고 멀리 떠나는 것은 더 이상 신기하거나 새로운 일이 아니다. 또 중산층 가정의 거실은 크리스마스를 위해 화려한 결혼식장처럼 꾸며진다. 가장 큰 나무, 금실로 세공된 장식품, 이중 삼중으로 된 포장지. 환경운동가가 아니어도 환경 문제를 우려할 수밖에 없는 상황이 펼쳐진다.

트리를 꾸미기 위해 전나무를 비행기로 공수하는 사람이 있다면, 그 사람은 크리스마스를 위해 쓰는 돈을 조금 줄일 필요가 있다. 가장 바람직한 행동은 거의 아무것도 하지 않거나 혹은 조금만 노력해서 크리스마스를 즐기는 것이다. 커다란 트리 대신 미니 트리를 사서 장식하고, 선물은 재활용이 가능한 종이로 포장하거나 손수건, 보자기 등으로 싼다. 크리스마스를 위해 여행을 떠난다면 환경 친화적인 교통수단을 이용하고, 크리스마스 때만 필요한 물건이 있다면 새로 사기보다는 중고로 구입하는 편이 좋다. 크리스마스가 지구에 부담이 되기 전에 우리는 우리의 축제를 다시 고찰해야 한다.

크리스마스의 불행, 어떻게 견딜까?

12월 25일은 보통 가까운 사람들과 함께 보내는 날이다. 그런데 크리스마스 시즌이 되면 돈 때문이 아니라 얼굴을 마주 보고 싸워야 하는 가족들 때문에 고민하는 사람들이 있다. 또 어떤 사람들은 슬픈 일이나 사망한 가족 혹은 친척에 대한 그리움을 견디며 조용히 크리스마스를 보내야 한다. 외국인이나 난민도 마찬가지다. 이들에게 크리스마스는 해결책이 아니라 또 다른 문제다. 그런데 소위 '크리스마스 영화'는 정반대의 모습만을 이야기한다.

그러니 크리스마스 기간에 덜 행복하고, 돈이 부족하고, 애정과 사랑이 필요한 사람들을 찾아 돕는 것이 중요하다. 타지에 혼자 사는 가족 구성원이나 친구에게 따뜻한 마음을 전달해도 좋다. 또 각 도시마다 있는 다양한 조직과 기관을 통해 기부해도 좋다. 이런 조직과 기관은 시민들의 참여를 늘 기다리고 있다. 낯선 사람과 함께 더 높고 더 포괄적인 목표를 이루기 위해 노력하는 것은 친한 친구들과 함께 시간을 보내는 것만큼이나 행복한 일이며 외로움을 달랠 수 있는 일이다.

7장   스타일이 만드는
                나다움과 예의

옷으로 정치적 견해를 암시할 필요도, 소프트 파워를
드러낼 필요도 없다. 우리의 외양은 의무가 아니라
스스로 선택한 제안이다. 자신만의 의견과 주장이
확고하다면 단정하고 스스로에게 잘 어울리며 상황과 장소,
목적에 맞는 옷을 입는 것만으로 충분하다.

카멀라 해리스의 스타일이 말하는 것

〈하우스 오브 카드 House of Cards〉라는 유명한 미국 드라마의 등장인물 클레어 언더우드는 영부인이었다가 부통령에 선출되었다가 미국의 첫 여성 대통령까지 된 인물로, 시즌 마지막까지 완벽한 파워룩(여성들의 사회 진출이 늘어나면서 남성과 동등해지고 싶은 여성의 욕구가 반영된 패션 스타일을 말한다—옮긴이)을 선보인다. 견고한 원단으로 몸에 딱 맞게 재단된 정장이나 무릎길이의 시프트 드레스, 어깨가 직각으로 재단된 블레이저는 마치 갑옷을 연상케 한다. '킬힐'이라고 불리는 높은 스틸레토 힐도 빼놓을 수 없다. 사회에서 가장 중요한 임무를 수행하고 있는 여성조차도, 그 여성이 할리우드에서 만들어진 캐릭터라면 무릎이 탈골될 것 같은 미적 요구를 받아들여야만 하는 모양이다.

다행히 현실은 픽션보다 낫다. 현재 미국의 부통령은 카멀라 해리스라는 여성이다. 해리스는 심지어 아시아계 흑인이다. 이 사회적 혁명은 유행으로까지 번졌다. 해리스는 선거 유세 기간 동안 주로 굽이 없는 신발을 신었다. 대부분 스니커즈였다. 그림이 그려진 신발도, 발목까지 올라오는 데저트 부츠도 신었다. 가끔 검은색 펌프스를 신기도 했지만 대부분의 경우에는 다른 일하는 여성들과 마찬가지로 굽이 없거나 낮은 신발을 신었다. 바쁘게 뛰어다니거나 먼 거리를 이동해야 했기 때문이다. 자신의 책무가 스타일이나 허영심보다 우선이었던 셈이다. 예의를 차려야 해서 평소보다 우아한 옷차림을 해야 하거나, 스스로를 꾸며서 일상의 나와 다른 더 매력적인 나를 선보이기를 좋아한다면 섹시함을 얻고자 어느 정도의 고통 또한 즐겁게 감수할 수 있을 것이다.

아무튼 해리스는 스니커즈를 신음으로써 파워룩을 새롭게 정의했다. 어떤 '룩look', 즉 스타일을 완성시키는 데 중요한 건 비싼 명품의 로고를 과시하는 것이 아니다. 해리스의 경우 야망, 인품, 그리고 미국 정치를 새롭게 정의하는 상징이 되었다는 점이 더 중요했다. 여태까지 유행을 지배하고 있던 것은 성공한 여성이라면 마치 금융업계 매니저 같은 정장을 입고 실크 스카프를 둘러야 한다는 전통이었다. 예를 들어 유럽 중앙은행 총재인 크리스틴 라가르드의 스카프 패션이나 전 영국 총리 테리사 메이의 구두 패션처럼 말이다.

카멜라 해리스는 반대로 권력이나 계층을 드러내지 않는 이른바 스마트 캐주얼을 선보였다. 모든 여성이 사무실로 출근할 때, 일할 때, 학교 도서관에 갔다가 친구와 음료를 마시며 수다 떨 때 입을 수 있는 옷이다.

조 바이든이 해석한 대통령 의복은 해리스와 조금 다르다. 바이든은 공식적인 자리에서 일반적으로 어두운 푸른색이나 어두운 회색 정장을 자주 입고, 사적인 자리에서도 수수한 옷을 자주 입는다. 부시 대통령 부자의 패션 센스에 견주기는 어려울 정도다. 편안한 자리에서 바이든은 흰 셔츠 대신 짙은 파란색과 흰색 줄무늬 셔츠를 고르고, 넥타이를 매지 않는다. 조금 더 편한 자리에서는 격자무늬 셔츠에 파란 스웨터를 입고 갈색 재킷을 걸친다. 집에서는 흰색 혹은 남색 폴로셔츠에 카키색 치노 팬츠를 입고 갈색 허리띠를 맨 모습이 사진에 포착되기도 했다. 이렇듯 스마트 캐주얼의 범위는 매우 넓으며 사람에 따라 각기 다른 스타일로 나타난다.

정장에서 스마트 캐주얼로

스마트 캐주얼이란 마치 광범위하게 쓰이는 항생제와 같은 드레스코드다. 일상생활의 80퍼센트 정도는 스마트 캐주얼 복장으로 할 수 있다. 스마트 캐주얼을 입고 결혼식이나 회사 행사에 참석하고, 여행을 하거나 친구와 레스토랑을 방문하거나 사장과 면담할 수도 있다. 북아일랜드에서 열린 G8 정상회담 때는 스마트 캐주얼이 드레스코드였다. 많은 정치인들, 그리고 사무직 노동자들이 스마트 캐주얼을 입고 일한다.

스마트 캐주얼을 쉬운 말로 번역하면 '깔끔하고 단정하게 입기'다. 말하자면 학교에서 돌아왔을 때, "옷 똑바로 입어"라는 엄마의 말에 옷매무새를 고쳐 단정하게 보이는 것과 마찬가지다. 사실 깔끔하고 단정하게 보이기란 그리 어려운 일이 아니지만, 스마트 캐주얼에는 비밀이 숨어 있다. 그렇지 않다면 왜 이렇게 많은 사람들이, 그리고 상업 잡지가 스마트 캐주얼이라는 드레스코드를 낱낱이 파헤치려고 하겠는가? 왜 〈뉴욕 타임스〉가 "남자들이 두려워하는 드레스코드"라는 제목을 달아 마치 남자들이 스마트 캐주얼을 어려워한다는 식의 글을 게재했을까? 비즈니스 전문지 〈매니저 매거진Manager Magazine〉은 왜 스마트 캐주얼이라는 드레스코드를 분석하려 하는가? 악마는 프라다가 아니라 스마트 캐주얼을 입기 때문일까? 복잡한 질문에 간단한 답변을 하면 나중에 문제가 발생하지 않던가?

손해보험회사 알리안츠의 CEO 올리버 베테가 주주총회에 캐주얼한 복장과 빨간 운동화를 신고 나타났다고 하더라도 예전과 마찬가지로 계급은 존재한다. 다만 과거 오랜 시간 동안 권력의 상징이던 어두운 색 정장, 롤렉스 시계, 실크 넥타이가 이제는 유행에서 살짝 벗어났으며, 빨간 운동화를 신는다고 해서 권력을 행사할 수 없는 것도 아니라는 사실을 알 수 있다. 오히려 그 반대다. 유행에 새로운 해석을 덧붙이는 것이 권력의 표식이다. 권력자들은 이렇게 말한다.

"난 스타트업에 맞게 옷을 마음대로 입을 수 있습니다. 하지만 당신들은 전통을 고수해야 합니다. 당신들은 권력의 범위 밖에서 이 안으로 들어오려고 하는 중이니까요."

직장생활과 정장은 아주 오랜 시간 동안 떼려야 뗄 수 없는 관계였다. 그런데 이제 길에서 보던 옷이, 야외 및 실내 스포츠 활동을 할 때 입는 옷이 사무실까지 침투했다. 택배업 종사자들이 주로 입던 간편한 의상이 럭셔리 브랜드의 이름을 달았고, 예전에 지폐 한 장이면 살 수 있었던 티셔츠와 청바지의 가격이 수십, 수백 배 가까이 올랐으며, 트렌치코트나 트레이닝복이 캐시미어 소재로 만들어져 놀라운 가격을 자랑하게 되었다. 우리가 유행을, 남성을, 그들의 지위를 인식하는 방법이 반영된 결과다.

트레이닝복 바지가 고급 정장 한 벌과 맞먹는 가격이라면, 더 이상 고급 정장이 착용자의 사회적 지위를 알려주는 신호가 아니어도 된다. 즉 정장은 자동으로 착용자의 권력과 돈, 혹은 그가 이용할 수 있는 다른 자원을 뜻하지 않는다. 정장은 더 이상 계급의 척도가 아니다. 게다가 정장은 개인주의라는 시대정신에 모순된다. 카방 재킷, 치노 팬츠, 파란색 스웨터를 입거나 트레이닝복을 입은 남자가 어두운 색 플란넬 셔츠를 입은 남자보다 더 많은 권력을 쥐고 있을지도 모른다.

마찬가지로 펌프스를 신은 여자가 운동화를 신고 다운재킷을 입은 채 계단참에서 커피를 마시는 여자보다 회사에서 더 큰 영향력을 갖고 있다고 장담할 수 없다. 카멀라 해리스의 운동화는 여태까지 값비싼 핸드백이나 여성스럽고 우아한 구두로 자신의 힘을 보여주려고 했던 다른 여성들에게 보내는 충고인지도 모른다. 유니섹스 트렌드, 그리고 여성 또한 더 편하고 활동적인 옷을 입고 싶다는 희망이 이제 점차 많은 패션 브랜드에서도 받아들여지고 있다.

정장의 힘을 잊진 말자

물론 금융업계나 법조계, 정치계처럼 아직까지도 남성은 정장을, 여성은 재킷과 펌프스를 착용하는 것이 규칙처럼 남아 있는 곳도 있다. 우리 시대의 영웅이라 불리는 실리

콘밸리의 '너드nerd' CEO들은 흔히 볼 수 있는 후드 티셔츠에 슬립온을 신고 다닌다. 하지만 아무리 마크 저커버그라도 앙겔라 메르켈이나 버락 오바마를 만나거나 미국 의회에서 데이터 스캔들에 관해 증언해야 한다면 짙은 남색 정장과 페이스북 로고 색과 비슷한 푸른색의 넥타이를 고를 것이다. 정장의 영향력이 미치는 범위는 줄어들었지만, 정장이라는 옷이 지닌 근본적인 역할은 여전히 남아 있다. 정장은 아직도 진지함, 반듯한 품행, 직업적 성공을 나타낸다.

넥타이의 입지는 점점 좁아지고 있고, 모자는 그 지위를 완전히 잃었지만 정장의 활약은 앞으로도 계속될 것으로 보인다. 정장은 이미 오랜 시간 동안 우리와 함께했고, 또 시간이 지나면서 점점 스마트 캐주얼과 동화되고 있다. 넥타이 없이 정장을 입거나, 정장 재킷을 줄무늬 셔츠 혹은 스웨터와 함께 입는 스타일도 인기가 있다.

몸의 윤곽을 어느 정도 드러내고 엉덩이를 완전히 덮지 않는 정장 재킷은 여태까지 여성의 옷이 그랬던 것처럼 착용자의 몸을 형상화해 보여주는 역할을 할 것이다. 유해한 남성성(사회적으로 '남성은 이래야 해'라는 고정관념으로 강요된 지배력, 과도한 경쟁심, 감정 표현 억제 등의 남성성을 말한다—

옮긴이)이 줄어들수록 남성다움이라는 개념도 변화할 것이다. 현대 사회의 도전 과제에 대한 의복의 적응력을 과소평가해서는 안 된다.

수평적 계급 사회를 나타내는 스마트 캐주얼

스마트 캐주얼은 수평적 계급 사회를 나타내는 드레스 코드로서 각기 다른 계층에 있는 사람들을 조화시킨다. 투자은행의 대표가 넥타이와 커프스단추를 풀고 스마트 캐주얼을 입는다면 그것은 복장의 격을 내리고 편안한 옷을 입는 것이다. 스타트업의 인턴 사원이 청바지나 스웨터 대신 치노 팬츠와 블라우스라는 스마트 캐주얼을 입는다면 그것은 복장의 격을 올리고 차려입는 것이다. 어쨌든 옷을 입기 전에 자신이 회사에서 맡은 역할과 직급을 먼저 고려하는 편이 좋다. 다른 사람들이 당신에게 기대하는 것이 무엇인지, 당신이 다니는 회사의 문화와 분위기가 어떤지 생각해야 한다.

잘 모르겠다면, '캐주얼'보다는 '스마트'에 방점을 둔

스마트 캐주얼을 입는 편이 좋다. 자신의 개성을 너무 많이 드러내기보다는 주변과 동화되어 눈에 잘 띄지 않는 옷을 선택해야 한다. 회사의 사장이 어떤 옷을 입는지, 장기 근속한 직원이 어떤 옷을 입는지 살펴도 좋다. 회사에서는 스트리트 패션의 아이콘이 되기보다는 회사라는 장소가 갖는 의미와 자신의 정신건강을 고려해야 한다.

슬랙스와 재킷을 입든, 치노 팬츠와 캐시미어 스웨터를 입든 깔끔하고 단정한 차림이 옷의 브랜드보다 중요하다. 바지의 브랜드 로고보다 바짓단이 너무 짧은 게 훨씬 더 눈에 잘 띈다. 숙련된 재단사라면 저렴한 옷도 훨씬 멋들어져 보이게 만들 것이다. 영국의 케이트 왕세손비가 이 방면에 아주 능숙하다. 저렴한 옷도 케이트가 입으면 멋져 보이는 이유는 팔 길이와 어깨 너비, 체격과 몸길이에 딱 맞게 재단한 것이기 때문이다.

우리 또한 옷을 선택할 때 얼마나 오래 입을 수 있을지를 고려하지 않을 수 없다. 왕족들이 휴가를 떠나 찍은 단체사진은 마치 바버Barbour라는 브랜드의 고급 레인코트 수선공장 설명회처럼 보인다. 기울 수 있는 것은 모두 기워 입기 때문이다. 비행기, SUV, 유람선 등 무엇을 타고 여행하든 우리는 탄소발자국을 남긴다. 마찬가지로 패스트 패션 또한 개인의 즐거움을 일반 대중의 필요보다 우위에 둔 것이며, 다른 사람들과 환경에 영향을 미친다. 그러나 우리는 이미 언제든 골라 바로 사 입을 수 있는 패스트 패션에 중독됐고, 이에 따라 우리 사회와 소비자본주의가 모양을 갖췄기 때문에 이를 지적해봐야 소용없다.

옷장을 가득 채우기보다 질 좋은 옷을 사기

옷을 한 벌 살 때마다 우리는 별다른 노력 없이 우리의 인격과 가치가 올라가길 바란다. 투박한 모양새로 인기를 끈 어글리 슈즈만 신으면 내가 얼마나 세련된 사람인지 곧바로 알릴 수 있는데 나를 드러내기 위해 악기나 외국어, 프로그래밍 등을 배울 필요가 어디 있겠는가. 반대로 내 실제 실력을 보여주려면 우선 패션으로 주목을 끌어야 할까? 닭이 먼저인지 달걀이 먼저인지 알 수 없는 일이지만, 최근 유행하는 미니멀리즘이 도움이 될 것으로 보인다. 쇼핑의 중점을 '옷장 가득 채우기'에서 '더욱 질 좋은 옷 사기'로 옮기면 결과가 완전히 달라질 것이다.

미니멀리즘 및 정리 컨설턴트인 곤도 마리에는 어떤 물건에 '설레는가'에 중점을 둔다. 설레지 않는 물건을 버리는 것이 집 정리의 첫 단계다. 어떤 물건이 아직도 나와 감정적으로 연결돼 있는지 여부를 자문하면 잡동사니를 버리고 정리하는 데 도움이 된다. 옷의 경우 질문을 이렇게 바꿔볼 수 있다.

"이 옷이 목적에 맞는가?"

H&M 같은 패스트 패션 브랜드에서 충동적으로 옷을 구매하는 순간의 만족감은 잠깐이지만 소비로 인해 발생하는 폐기물은 훨씬 많을 것이다. 또 나이가 들면서 살이 찔 텐데 그 문제는 어떻게 해결할 것인가?

대부분의 사람들은 필요한 것보다 훨씬 많은 물건으로 집 전체와 서랍장을 꽉 채우고 있다. 당신이 대도시에 살며 소위 '금수저'이거나 유능한 임원이거나 유명한 운동선수이거나 엄청난 재산의 상속인이 아니라면 당신이 사는 집은 짐 때문에 점점 좁아질 것이다. 방이 더 많은 집으로 이사할 수야 있겠지만 계속 방을 늘려가다가는 경제적인 한계에 부딪힌다.

지난 50년 동안 1인당 주거 면적이 46.7제곱미터로 늘었다. 1960년대와 비교하면 두 배 늘어난 수준이다. 그럼에도 우리가 집이 점점 좁아진다고 느끼는 이유는 용도에 따라 운동화를 몇 켤레씩 사고, 음식 종류에 따라 식기를 몇 벌씩 준비하기 때문이다. 일반적인 가정에는 물건이 평균 1만 개 정도 있다고 한다.

하지만 계속해서 맥시멀리스트일 필요는 없다. 물건이 많아야만 풍족하고 행복한 삶을 살 수 있는 것도 아니다. 빈 공간, 여백, 작은 가방 하나만 들고 언제든 휴가를 떠날 수 있는 여유가 오히려 우리를 행복하게 한다. 공간은 시간이나 돈과 같은 자원이므로 우리는 공간 또한 소중히 다뤄야 한다. 즉 삶을 누구와 함께할 것인가 외에 무엇과 함께할 것인가도 생각해야 한다.

미니멀리스트가 된다면 쇼핑의 의미가 바뀐다. 유행을 따르고 싶어서, 아름다워지려고, 과시하려고 쇼핑하는 것이 나쁘다는 뜻은 아니다. 아름다운 옷을 입는 것은 문화의 전파이자 스스로를 표현하는 방식이다. 누군가가, 특히 여성이 기후변화 등을 이유로 꾸밈을 완전히 포기하길 기대하기는 어렵다. 그러나 공인이나 연예인이 아니라면, 계속해서 새롭고 다양한 옷으로 남들에게 깊은 인상을 남기려고 노력할 필요는 없다.

일반 시민인 우리는 옷으로 정치적 견해를 암시할 필요도, 소프트 파워를 드러낼 필요도 없다. 미니멀리스트가 됨으로써 발생한 일종의 권력의 공백 혹은 인스타그램에 과시할 옷이 없는 상태를 문제가 아닌 해결책으로 받아들여야 한다. 우리의 외양은 의무가 아니라 스스로 선택한 제안이다. 자신만의 의견과 주장이 확고하다면 단정하고 스스로에게 잘 어울리며 상황과 장소, 목적에 맞는 옷을 입는 것만으로 충분하다.

목적에 맞는 옷이란

목적에 맞는 옷이란 어떤 옷일까? 옷을 어떻게 조합해 입어야 할까? 남성들이라면 선택지가 간단하다. 치노 팬츠와 폴로 셔츠를 함께 입으면 항상 단정해 보인다. 촘촘한 줄무늬가 들어간 옥스퍼드 셔츠나 하얀 셔츠를 입고 소매를 걷어 올려도 좋다.

단, 스마트 캐주얼을 '스마트와 캐주얼'로 혼동하지 말아야 한다. 예를 들면 정장에 운동화를 신거나, 정장 재킷 안에 후드 맨투맨 티셔츠를 입는 것이다. 이런 복장은 스마트 캐주얼이 아니다. 짙은 파란색에 워싱이나 찢어진 부분이 없는 청바지 정도는 괜찮다. 파란색이나 연한 갈색 혹은 짙은 갈색 치노 팬츠는 언제 어디서든 좋은 선택이다. 하얀색 스니커즈는 괜찮지만, 더러운 부분이 없이 잘 닦여 있어야 하며, 보수적인 자리보다는 편한 자리에서 신는 편이 좋다. 넥타이는 아예 매지 않거나 장식용 손수건으로 대체해도 괜찮다. 얇은 팔찌 같은 액세서리는 착용해도 좋지만 너무 화려하지 않은 것을 고른다. 스마트 캐주얼 룩의 진정한 영웅은 데저트 부츠다. 밑창이 고무인 가죽 신발, 예를 들어 로퍼나 첼시 부츠, 일반적인 부츠를 고르도록 하자.

대부분의 여성들은 직장에서 남성보다는 조금 더 자유롭게 유행에 따른 복장을 입을 수 있다. 의회나 법원, 렌터카 업체의 카운터에서 일하는 것이 아니라면 말이다. 뚜렷하고 밝은 색상을 선택하는 편이 좋다. 밝은 코발트블루나 붉은 계열 색상은 인상을 명료하게 하며 평범하고 단정해 보이도록 한다. 너무 화려한 무늬가 들어간 옷은 피한다. 색이 들어간 캐시미어는 우아하면서도 실용적인 소재다. 모직이나 면 소재의 어두운 색 7부 혹은 8부 바지와 함께 입으면 된다. 여성스러운 옷의 유행은 점점 지나가고 있으므로, 바지나 스웨터 같은 편안하고 실용적인 유니섹스 의상으로 옷장을 채우면 된다. 신발은 플랫슈즈를 고르자.

시간, 장소, 상황에 맞는 옷, 관습에 따른 옷을 입는 것은 나름대로 즐거운 일이다. 하지만 옷을 고르고 차려입는 데 너무 많은 스트레스를 받고 싶지 않거나 자신이 고른 옷이 시간, 장소, 상황에 맞는지 걱정된다면 자신만의 스타일을 과감하게 시도해도 좋다. 스마트 캐주얼은 성공에 대한, 새로운 수평적 계급 사회에 대한, 그리고 모든 사람이 비슷한 복장을 입어 더 가까워지는 것에 대한 중류층의 헌정이다. 미래의 출근 복장은 청바지와 스웨터일지 모른다.

스마트 캐주얼은 모든 성별의 사람에게 효과적인 스타일이다. 하지만 획일적이라는 인상도 있다. 옷이 획일화되어 더 이상 자신의 개성을 드러내지 못하면, 우리는 다른 방식으로 스스로를 드러낼 것이다. 계급이 우리 눈에 보이지 않는다고 해서 존재하지 않는 것은 아니다. 그러니 원하는 사람은 가장 저항이 적은 길을 걸으며 순응해도 좋다.

외양으로 자신을 표현하는 데 쓸 힘을 아껴 다른 중요한 논의에 사용하면 되기 때문이다. 그러나 정해진 길에서 벗어나고 싶은 사람, 공작이 꽁지깃을 펼치듯 자신의 개성을 한껏 뽐내고 싶은 사람은 자신의 열정을 패션에 쏟으면 된다. 어떤 방식을 선택하든 최선의 의도를 담아야 한다.

8장   외모에 얼마나
                                 신경 쓰는가

외모에 대한 집착에서 벗어나는 첫 번째 단계는 거울을
볼 때 평소에 보던 부분과 다른 측면에 집중하는 일이다.
내 얼굴의 단점을 어떻게 가릴지 생각하기보다 어느 부분이
사랑스럽고 예쁜지를 다정한 눈길로 바라보는 것이다.
여드름을 노려보기보다 맑고 깨끗한 눈에 기뻐하는
시간을 늘리자. 솔직히 말해 우리는 타인에게보다
자기 자신에게 더 엄격하다.

영원히 젊고 싶은 우리의 마음

2020년 1월, 미식축구 리그 결승전인 슈퍼볼의 하프타임 무대에 제니퍼 로페즈와 샤키라가 등장했다. 짧고 반짝이는 의상을 입고 등장한 두 사람의 열정적인 무대가 끝나자 SNS는 말 그대로 폭발했다. 많은 사람들이 제니퍼 로페즈의 나이를 무색케 하는 몸매에 감탄하는 한편 자신과 비교하며 자괴감에 빠졌다. 왼쪽에는 제니퍼 로페즈의 사진을, 오른쪽에는 60대 영화인 대니 드비토의 사진을 올린 다음 아래에 이런 글귀를 적기도 했다.

"제니퍼 로페즈가 50세 때, 내가 29세 때."

로페즈의 모습은 직업적으로 훌륭한 모습이었다. 외모는 로페즈의 직업 중 일부분이다. 아마 유전자, 운동, 돈, 재능은 물론 최고의 메이크업 아티스트와 피부과 전문의가 로페즈의 영원한 젊음에 큰 영향을 미쳤을 것이다. 젊음과 아름다움을 영원히 유지하고 싶다는 소망은 할리우드가 만든 악마와의 계약이다. 할리우드에서 여배우는 조금만 나이 들어도 엄마, 아주머니, 전 부인 같은 역할밖에 맡지 못한다.

그런데 젊음과 날씬한 몸을 유지해야 한다는 기대가 일반인들의 삶에도 스며들기 시작했다. 내 주변만 보아도 얼마 전 막 40대에 접어들었는데 보톡스 시술을 받고 싶다고 말하는 친구가 있다. 그 친구는 모델도, 짝을 찾아야 하는 싱글도 아니다. 고학력자에 괜찮은 직업과 집과 남편, 세 아이가 있는 사람이다.

사람들이 아무렇지 않게 주름살을 없애는 시술을 받고 싶어 하는 사회라니, 어딜 가나 '안티 에이징' 산업이 호황인 것도 이해가 간다. 보톡스, 필러, 각종 화학적 필링, 피부 재생, 자가혈 마사지 등 최소 침습적인 관리법만 찾아봐도 끝이 없고 비용은 천정부지다. 피부를 잡아당기거나 주름을 펴는 침습적 관리법은 고통을 동반하기도 한다. 각종 리프팅이나 자가지방 이식술 같은 것들도 있다. 서른 살 언저리만 되어도 "와, 전혀 그렇게 안 보이시네요. 더 어리신 줄 알았어요"라는 외모 평가가 칭찬이 된다. 사람들은 눈에 보이는 나이, 주름, 흰머리, 기미, 처진 피부 등에 질색하며 각종 크림, 운동, 전문가의 도움으로 대항한다.

그렇다면 메멘토 모리, 즉 "너는 반드시 죽는다는 것을 기억하라"라는 말을 우리는 어떻게 받아들여야 할까? 과학자들조차 토마토를 먹으면 노화가 더뎌진다고 말하는 마당에 말이다. 매끈한 얼굴, 완벽한 눈썹이 우리를 과연 얼마나 행복하고 만족스럽게 할까? 20대 때 BMW를 모는 것이 신분의 상징이고 스물다섯 살부터는 히알루론산 주사를 맞아야 한다는 말에 어디까지 맞장구쳐야 할까?

니콜 키드먼은 지나치게 매끈한 피부 때문에 오랜 시간 동안 조롱당했고, 르네 젤위거의 눈 리프팅은 논란의 중심이 되었다. 여러 차례 성형 수술을 받은 맥 라이언과 멜라니 그리피스에게서는 이제 예전 모습을 찾아볼 수 없다. 두 사람은 성형 수술 때문에 커리어에도 문제가 생겼다. 노화와의 싸움이 공공연하게 전시되어서는 안 된다. 가짜로 꾸며진 젊음 뒤에 얼마나 많은 노력과 고통이 숨어 있는지 누구도 보아서는 안 된다.

노화와의 싸움은 밑 빠진 독에 물 붓기나 마찬가지다. 이 부위에 신경을 쓰다 보면 저 부위가 신경 쓰이고, 이 부위에 시술을 받으면 저 부위에도 받아야 하니 신체 각 부위의 전문가를 찾아가야 한다. 우리는 자연스럽게 나이 드는 것에 대한 내맡김 gelassenheit (하이데거가 강조한 개념으로, 있는 그대로의 본성을 유지하고 그것이 자연스럽게 발휘되도록 하는 것을 말한다—옮긴이), 즉 초연함보다 노화와의 싸움을 더 중요하게 생각하고 있지 않은가? 만약 의학적 시술로 이마 주름을 펴는 것이 계속해서 안티 에이징 크림을 바르고 화장하고 마사지를 받으며 피부에 신경 쓰는 것보다 정신건강에 더 도움이 된다면, 돈을 투자해도 좋다.

아름다움의 대가로 얼마큼의 돈을 쓰면 좋을까?

스프레이 선탠 전문가, 장수를 위한 식습관 조언자, 붙임머리 전문가, 헤어 드라이 전문가, 메이크업 아티스트,

PT 강사. 배우 제니퍼 애니스톤은 외모를 가꾸는 데 도움을 주는 전문가들에게 연간 14만 달러를 쓴다고 한다. 피부과나 성형외과 시술 비용은 제외한 금액이다.

연예인뿐만 아니라 일반인 여성들도 아름다움을 가꾸기 위해 적지 않은 돈을 투자한다. 샤워 제품, 머리카락에 사용하는 제품, 제모 제품, 바디로션, 얼굴에 사용하는 토너와 크림, 메이크업에 필요한 제품 등등. 아침마다 외모를 꾸미는 데 드는 시간도 만만치 않다. 그런데 피부학적으로 보면 과도한 성분을 바르거나 매일 샤워하는 것은 오히려 피부 건강에 좋지 않다. 독일에서만 화장품 및 케어 제품 시장의 연간 매출이 130억 유로에 이른다. 보톡스나 필러 같은 최소의 침습적인 시술을 받는 사람은 약 4만 5,000명, 외과적 성형수술을 받는 사람은 3만 5,000명 정도이며, 업계 종사자의 수는 고객의 약 두 배다. 기회비용도 만만치 않다. 예를 들어 우리가 거울 앞에서 보내는 시간, 피부과나 성형외과를 오가며 낭비하는 시간도 적지 않다.

우리는 왜 외모에 신경을 쓰는 걸까? 많은 사람들이 그것을 자신에 대한 애정이라고 생각한다. 광고에서 마스크 팩과 입욕제를 사용하면 편안한 시간을 보낼 수 있다고 말하기 때문이다. 그리고 많은 사람들이 머리카락을 빗고 화장하고 제모를 해야 비로소 '바깥세상'에 나갈 준비, 즉 일상을 보낼 준비가 됐다고 생각한다. 어떤 사람들은 심지어 집 앞에 쓰레기를 버리러 나갈 때도 꾸며야 하고, 어떤 남편들은 50년 동안 아내가 마스카라를 칠하지 않은 모습을 본 적이 없기도 하다. 어떤 사람들은 화장을 하지 않는 주말이 진정한 휴일이라고 생각한다.

막 잠에서 깼을 때의 얼굴과 외출할 때의 얼굴이 다를수록 꾸밈이 더욱 중요해진다. 머리카락, 속눈썹, 피부가 기대만큼 아름답게 연출되어야 안심하고 외출할 수 있다. 시간이 없어 이를 닦지 않았거나 샤워를 하지 않았다는 사실은 자기밖에 모르지만, 혹시 나에게서 불쾌한 냄새가 나는 건 아닐까 하는 걱정 때문에 하루 종일 스트레스를 받을지도 모른다.

몸 관리에 비싼 돈을 투자할 수 있는 것은 부의 상징이다. 수백 유로를 호가하는 주름 개선 크림과 향수는 눈에 잘 띄지는 않지만 벤츠 G클래스와 비슷하다. 아름다움에 투자된 돈이 얼마인지 한눈에 알기는 어렵다. 광고를 보면 뷰티 제품은 비쌀수록 성능이 좋다. 문제를 뿌리부터 개선하는 방식이 가장 각광받는다. 예를 들어 모공의 크기를 근본적으로 줄이는 방법이 개발되면 모두가 그 방법을 위해 돈을 지불할 것이다. 그런데 사실 모공의 크기라는 근본적인 문제 자체는 뷰티산업계가 만들어냈기 때문에 생겨났다. 어쨌든 시술을 받아서 모공의 크기가 줄어들지 않더라도, 적어도 케이팝 스타 같은 빛나는 피부를 얻을 수는 있을 것이다.

관리와 메이크업이 마음의 안식이자 기분 전환, 부의 상징이 되려면 어느 정도 돈을 쓰는 것이 적당할까? 6주마다 한 번씩 미용실에 가서 60유로 정도를 쓴다고 치자. 1년이면 500유로 이상이다. 500유로면 주말 동안 국내 여행을 가서 편안한 시간을 보낼 수 있는 금액이다. 애초에 6주마다 한 번씩 미용실에 갈 필요가 있을까? 50유로짜리 크림이 과연 10유로짜리 크림보다 얼마나 뛰어날까? 완벽한 아이라인보다는 완벽한 영어 실력을 갖추는 게 회사에서 나의 평판을 높일 수 있는 방법이 아닐까? 저녁에 머리를 감은 다음 아침에 20분 더 자는 것이 완벽한 웨이브보다 나를 행복하게 해주지 않을까? 네일아트와 저축 중 어디에 돈을 쓸지는 사람에 따라 다를 것이다. 프랑스어 강좌를 들는 것이 미용실에 가는 것보다 가치 있다는 말에 이의를 제기하는 사람도 있을 것이다. 중요한 것은 누구든 있는 그대로의 자신으로서 행복해야 한다는 사실이다. 물론 이것 또한 자아 극대화라는 압박으로 다가올 수 있다.

남성들도 느끼는 아름다움에 대한 압박

오랜 시간 오직 여성들만이 아름다워야 한다는 압박을 받았다. 바로크 시대에는 오히려 남성들이 더 화려하게 꾸미고 외모에 신경을 썼지만, 프랑스 혁명 이후 시민들이 승기를 잡으면서 아름다움과 젊음은 여성의 이상이 되었다. 여성들은 두 부류로 나뉘었다. 남성들의 구애를 받는 아름다운 여성과 희생적이고 자애로운 어머니로 말이다. 남자들이 돈을 벌고 여자들은 집과 아이, 그리고 남자들이 벌어온 돈과 재산을 돌봤다. 여성이 자신의 사회적 지위를 높이기 위해서는 돈 혹은 지위가 높은 남성과 결혼해야 했고, 그러려면 외모를 가꾸는 일이 가장 중요했다.

그런데 남자와 여자의 경제적 평등이 가까워지면 아름

다워야 한다는 압박은 줄어들 것이라는 추측과 달리, 압박은 오히려 계속해서 늘어났다. 다만 한 가지 변화가 생겼다. 남성들 또한 외모를 가꿔야 한다는 압박을 느끼기 시작한 것이다. 전 축구 선수 데이비드 베컴은 25년 전 고급스러운 머리 스타일과 잘 가꿔진 몸매, 제모를 한 가슴을 한껏 드러내며 메트로섹슈얼metrosexual(패션, 외모 등에 관심이 많은 남성들을 이른다―옮긴이)의 이상적인 아름다움의 상징으로 자리 잡았다. 드러그스토어 진열대에는 남성들을 위한 뷰티 제품이 등장했다. 요즘은 수염을 관리하는 제품부터 남성용 컨실러 및 각종 화장품도 판매되고 있다.

독일 전 수상인 헬무트 콜 같은 거구의 남성들은 아마도 오늘날 남성들에게 요구되는 미의 기준을 충족하기 어려울 것이다. 요즘 남성들은 몸매가 날렵해야 하고, 운동을 즐겨야 하고, 외모를 가꿔야 한다. 1973년 가수 폴 사이먼은 "왜 내 복부는 이렇게 말랑말랑하지soft? 내 삶의 나머지 부분은 어려운데hard!"라고 말했다. 오늘날 남성들의 식스팩은 직장생활만큼이나 딱딱하다. 적어도 이상적으로는.

남성 뷰티 시장은 체모 관련 제품이 주류를 이룬다. 머리카락, 눈썹, 다른 곳의 체모 관련 제품이 가장 많다. 몸의 불필요한 부위에 난 털은 휑한 정수리에 이식되기도 한다. 유명인사 외에 일반인들도 돈을 들이고 고통을 참아가며 더 젊고 남자답게 보이기 위해 탈모 관리에 힘쓴다.

남성들이 데이트 상대를 찾을 때 쓰는 자기소개에는 스포츠가 빠지지 않는다. 암벽 등반, 달리기, 크로스핏 등이다. 턱걸이를 하나도 하지 못하는 남자는 논외가 된다. 하체 운동도 빼놓을 수 없다. 다이어트는 이제 더 이상 여성들만의 전문 분야가 아니다. 프로틴 쉐이크, 제로 콜라, 육포 등 남성들이 주 소비층인 다이어트 제품도 많다. 의식적으로 육류를 덜 섭취하는 사람도 적지 않다. 특히 건강과 몸매에 신경을 쓰는 사람일수록 채식에 관심을 보인다.

자기 몸 긍정주의 VS 신체 중립주의

우리 모두가 아름다움에서 자신의 가치를 찾는다면 이 사회는 어떻게 될까? 심지어 외모가 뛰어난 사람이 직업적으로 성공하고 연애도 더 잘할 가능성이 높다는 연구 결과나 예쁘고 귀여운 아이일수록 부모의 사랑과 교사의 관심을 더 많이 받는다는 연구 결과도 있다. 그럼 우리가 못 생기면 어떤 일이 벌어질까? 애초에 아름다운 사람과 그렇지 않은 사람은 누가 결정하는가?

생물학자들이 내놓은 답변은 다음과 같다. 얼굴이 좌우대칭일수록, 젊을수록, 건강할수록 더욱 매력적으로 보인다. 또 아기처럼 동그랗고 귀여운 외모일수록 성인 여성의 관심을 끌기 쉽다. 허리와 엉덩이 둘레의 비율은 성숙함과 건강을 나타낸다. 그렇지만 과연 그렇게 간단할까? 얼굴 및 문화를 연구하는 학자들은 그렇지 않다고 말한다. 이상적이고 매력적인 미의 기준은 수십 년마다 바뀐다. 우리가 누구를 섹시하다고 여기는지는 생물학적으로 새겨진 것이 아니라 변화하는 것이다. 시대의 섹시 아이콘이 계속 변화하는 것을 보아도 알 수 있다. 우리가 아름답다고 여기는 대상은 시대의 거울이기도 하다.

성적으로 매력적이어야 한다는 엄청난 압박과 그렇게 되기 위해 부단히 노력해야 하는 현실에 반대하며 등장한 것이 '자기 몸 긍정주의Body Positivity'운동이다. 자기 몸 긍정주의는 우리는 모두 있는 그대로 아름답다는 개념이다. 피부색이 어떻든, 뚱뚱하든, 피부가 텄든, 코가 비뚤어졌든, 상처가 있든 스스로를 당당하게 드러낸다면 언젠가 누군가는 우리를 있는 그대로 인정해줄 것이다.

아름다움에 대한 우리의 이상은 자기 몸 긍정주의뿐만 아니라 SNS를 통해 다양해졌다. 능력이 있고 팔로워도 많은 SNS 계정을 운영 중인 모든 사람이 자신의 선택을 더욱 적극적으로 드러낸다면 이에 영향을 받은 다른 사람들이 개성을 드러내고 자신에게 맞는 것을 찾을 가능성은 높아진다. 인스타그램에서는 누구나 모델이 될 수 있다. 팔로워만 있으면 된다. SNS에서 많은 사람들이 다양성을 드러내기 시작하면서 다양성은 곧 주류가 되었다.

첫 포문을 연 것은 도브Dove의 광고 캠페인이었다(도브는 '리얼 뷰티'를 내세우며 유명 모델이 아닌 일반인 여성들의 모습을 광고에 담았다—옮긴이). 뒤이어 H&M이 중년 이상의 통통하거나 뚱뚱한 여성들을 모델로 기용했고, 오랫동안 깡마른 백인 여성 모델들을 내세워 이상적인 섹시함을 광고하던 빅토리아 시크릿은 재정적으로도, 윤리적으로도 뒤처지고 말았다. 인스타그램 코미디언 셀레스트 바버는 호주 〈보그〉지로부터 러브콜을 받았다. 바버는 유명인사들을 흉내 내고 따라하는 개그로 인기가 있는데, 특히 모델들의 포즈를 잘 따라 하고, 자신의 평범한 몸매를 우스꽝스럽게 드러내는 것으로 유명하다. 바버의 인기가 워낙 뜨겁다보니 〈보그〉지도 바버를 놓칠 수 없었다. 바버는 호주 〈보그〉지의 모델이자 객원 편집자가 되었다.

그럼에도 자기 몸 긍정주의는 우리가 외모에 두는 가치를 바꾸지 못한다. 갑자기 모든 사람은 있는 그대로 아름답다는 생각이 퍼졌다고 해서 그 오랜 시간 동안 아름다움이 갖고 있던 권력이 갑자기 사라지지는 않는다. 다만 우리와 조금 더 가까워졌을 뿐이다. 아름다움만큼 양가감정이 공존하는 것도 없다. 누구도 자신의 외모가 못생겨지길 바라지 않으며 영원히 외모로 좋은 인정을 받기를 원한다.

연인이나 배우자가 나를 아름답다고 생각해줬으면 좋겠다고 생각하지만, 함께한 지 40년 후에도 상대방에게 "당신의 외모 덕분에 우리가 이렇게 오래 함께할 수 있었어"라고 말하는 커플은 없다. 외모가 매력적이라면 일자리를 얻기가 조금 더 수월하겠지만, 외모만 뛰어날 뿐 무능력하고 게으르다면 금방 그 일자리를 다시 잃을 것이다.

현재 미모가 뛰어나다고 해서 서슴없이 기뻐해서는 안된다. 아름다움은 부와 마찬가지로 대놓고 드러내기보다는 겸손하게 드러내야 하는 것이기 때문이다. 그래서 인스타그램에 자기 외모를 자랑하려는 사진을 올리는 사람들도 #아름다운나, #자신감넘치는나 같은 해시태그보다 #변변찮은 모습, #운이좋았다, #사랑받는나 같은 해시태그를 붙인다. 노골적인 허영심은 다른 사람들에게 커다란 금 장신구나 주황색 포르쉐, 구찌의 후드 티셔츠처럼 받아들여진다.

최근 인기가 많은 여성 아이콘은 싱어송라이터 빌리 아일리시와 환경운동가 그레타 툰베리다. 이들은 외모로 자신을 드러내거나 유명해진 사람들이 아니며, 오히려 그렇기 때문에 더욱 아름답다. 이들에게 외모는 전혀 중요하지 않기 때문이다. 빌리 아일리시는 항상 몸보다 사이즈가 훨씬 큰 후드 티셔츠를 입어 몸매를 드러내지 않고, 이로써 자신의 몸에 대한 타인의 시선과 평가를 차단한다. 우리는 그레타 툰베리의 연설을 보며 툰베리가 머리카락을 풀거나 마스카라를 하면 더 예쁘겠다고 생각하지 않는다. 이 두 여성은 엄청난 재능이 있고 스스로 이룩하고자 하는 일도 많다. 두 사람은 외모를 꾸미는 데 신경 쓰지 않는데, 이들이 유명해지고 나자 모순적이게도 꽉 묶은 포니테일과 사이즈가 큰 후드 티셔츠가 유행하기 시작했다.

한편 '신체 중립주의^{Body Neutrality}'는 2015년에 블로거 멜리사 파벨로가 '자기 몸 긍정주의'에 반대하며 주장한 것이다. 과거의 미의 기준에서 탈피해 새로운 아름다움의 이상을 또 다른 관습으로 만드는 것, 예를 들어 튼 살에 반짝이나 화장품을 발라 오히려 강조하는 것 또한 외모에 신경을 쓰는 행위다. 그래서 파벨로는 자신의 몸이나 외모에 신경을 쓰는 시간을 줄이고 완벽에서 멀어지는 것이 중요하다고 말했다. 파벨로에게 신체는 그저 우리를 움직일 수 있게 하고, 우리의 성격과 재능을 담고 있는 통이다.

거울 앞에서

조명이 켜진 방에서 나는 거울 앞에, 압박감 앞에, 화장품 업계의 감언이설 앞에, 유토피아를 거부하고 반대하는 여성들 앞에 서 있다. 이것은 내 일상에 어떤 의미가 있는 행동일까? 내가 만약 얼굴에 크림을 바른다면, 나는 광고의 희생자가 되는 걸까? 누군가가 내 나이를 실제보다 더 젊게 봤을 때 기쁘다면, 나는 잘못된 미의 기준을 따르는 걸까? 외모에 투자하는 돈이 얼마 이상이어야 지나친 걸까? 나는 이 굴레에서 벗어날 수 있을까? 이 굴레에서 빠져나가려면 지불해야 하는 비용은 또 얼마일까?

자유는 기회비용이 높은 목표다. 온갖 보정이 적용된 사진이 아니라 필터도 없이 주름과 눈 처짐을 그대로 보여주며 아무런 포즈도 취하지 않은 사진을 틴더^{Tinder} 앱에 올리는 것은 멋있고 도전적인 일이다. 얼굴 보정에 대항하는 아주 용감하고 솔직한 행동이다. 그런데 과연 그런 사진을 올리면 매치 상대를 찾을 수 있을까?

외모에 대한 집착에서 벗어나는 첫 번째 단계는 거울을 볼 때 평소에 보던 부분과 다른 측면에 집중하는 일이다. 내 얼굴의 단점을 어떻게 가릴지 생각하기보다 어느 부분이 사랑스럽고 예쁜지를 다정한 눈길로 바라보는 것이다. 여드름을 노려보기보다 맑고 깨끗한 눈에 기뻐하는 시간을 늘리자. 솔직히 말해 우리는 타인에게보다 자기 자신에게 더 엄격하다. 왜 스스로에게 더 관대해지지 못할까? 항상 나보다 더 피부가 깨끗하고, 머리카락이 찰랑거리고, 이가 하얗게 빛나고, 입술이 도톰하고, 가슴이 풍만하고, 광대뼈가 봉긋하고, 다리가 날씬한 사람이 있기 때문이다.

주변에 없더라도 인스타그램을 켜는 순간 그런 사람이 눈에 들어온다. 서른 살이 되기 전에 앨범을 2억 장 넘게 판매한 가수이며 모든 사람이 '꿈의 며느리'라 부르는 테일러 스위프트조차 외모에 대한 강박을 벗어던지기 위해 노력해야 했다고 말한다.

"나에게는 절대 충족할 수 없는 미의 기준이 늘 존재하거든요."

날씬하지 않고, 엉덩이가 킴 카다시안처럼 둥글지 않고, 하이패션에 맞지 않으면 섹시하지 않다. 사회의 기대를 충족시키기 바로 직전까지 와서 허무하고 냉혹한 현실을 마주한다면 그 기대를 충족시키려고 애쓰지 말고 스스로가 좋고 건강하다고 생각하는 일에 집중하는 것이 자신을 지키는 행동이다. 우리는 자신의 글쓰기 능력을 전문 작가와 비교하지 않고, 요리 실력을 전문 셰프와 비교하지 않는다. 그런데 왜 외모는 제니퍼 로페즈처럼 여전히 젊고 아름다운 사람과 비교하는 걸까?

물론 나 또한 거품목욕과 크림을 좋아하고, 아이라인이 원하는 대로 그려지면 기뻐하고, 자고 일어나서도 머리카락이 눌리지 않고 드라이를 한 것처럼 완벽한 모양이길 바란다. 수면이 부족해 주름이 더 깊이 패거나, 20년이나 지나 다시 사춘기가 돌아온 것처럼 눈가 주름 옆에 여드름이 나거나, 흰머리가 계속해서 난다고 해서 그게 뭐 어떻다는 건가? 거울 속에 비친 내 모습이 낯설더라도 나는 이를 닦고 속눈썹에 마스카라를 칠하고 머리카락을 깔끔하게 묶는다.

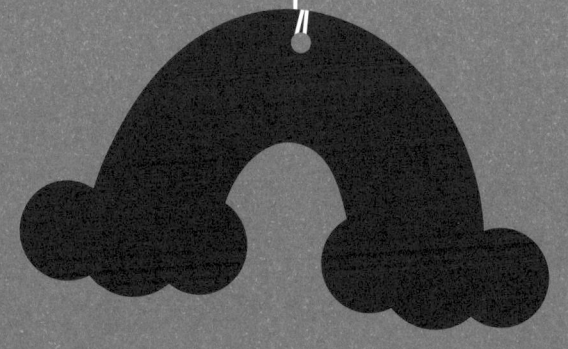

9장   차별의 언어로
      타인에게
      상처 주지 않기

상대방이 상처받을 수도 있는 지점이 어디인지 모른다면
그 사람과 친해질 때까지는 개인사와 거리가 먼 주제로만
이야기를 나누는 편이 좋다. 출신지를 묻거나, 내 모국어를
쓰는 상대방의 언어 능력을 칭찬하거나, 곱슬머리인 흑인의
머리카락을 만지려는 행동을 해서는 안 된다.
특히 출신지를 묻는 질문은 이미 이 나라에서 살고 있는
상대방을 소외시키는 말이나 다름없다.

독일의 토크쇼 진행자인 바르바라 쇠네베르거는 오랜 시간 동안 만인의 연인이었다. 공감 능력이 뛰어나고 재미있고 현명하고 똑똑한 데다 섹스 심벌이기까지 했다. 대부분의 시청자들이 쇠네베르거를 좋아했다.

그런데 그녀가 어느 라디오 시상식에서 수상 소감을 이야기하며 '헝가리풍 파프리카 소스'를 '집시 소스'라고 조롱하듯 말한 이후부터 대중들의 반응은 싸늘해졌다. 독일 로마소수민족 최고위원회는 트위터를 통해 아주 부끄럽고 소수민들을 멸시하는 언행이라고 입장을 표명했다. 한편으로는 고작 농담을 가지고 소란을 피워서는 안 된다고 주장하는 사람들도 있었다.

그렇다면 세월의 흐름을 이해하지 못하고 특정한 인구 집단에 대한 차별을 모른 체하며 사회적 권력을 쥐고 있는 연령 집단을 '부머'(베이비부머 세대를 지칭하며 비하의 의미가 담겨 있다—옮긴이)라고 부르는 것은 버릇없고 잘못된 일일까? 아니면 독일 내의 '정치적 올바름'이 자유를 침범할 정도까지 몸집을 키웠다는 신호일까?

어느 쪽을 지지하든 명확한 점이 한 가지 있다. 현재 인종차별과 성차별, 젠더에 관한 언어 사용을 두고 다양한 논쟁이 진행 중이라는 사실이다. 말할 때 얼마나 주의해야 하는가? 내가 그 단어를 사용했을 때 다른 집단이 얼마나 상처 입을 것인가? 우리가 사용하는 언어는 얼마나 진보해야 하는가? 낡은 표현법을 사용하면 나는 곧 사회에서 매장당할 것인가?

지금 당장 새로운 언어를 필요로 하는 사람들과 그것이 지나치게 과열된 행동주의라고 생각하는 사람들 사이에 문화적인 골짜기가 깊이 파이기 시작했다. 이 논쟁에서 아주 철저히 한쪽만을 지지하는 사람은 그리 많지 않다. 어떤 때는 이 의견을 지지했다가, 다른 때는 반대 의견에 귀가 솔깃하기도 한다. 어떤 사람들은 굳이 특정 집단을 지칭하지 않고 '여러분'이라 뭉뚱그린다. 어떤 사람들은 성평등 언어를 그저 알아듣기 어려운 신조어라 여기기도 하지만, 어떤 사람들은 오웰적인 뉴스피크^{newspeak}(정치선전용의 모호하고 기만적인 말을 뜻한다—옮긴이)라고 생각한다.

내가 하는 말이 차별이 되지 않도록

언어란 이처럼 명확하며 동시에 고유하고 은밀한 것이다. 모든 사람이 저마다 자신만의 언어를 말한다. 각자 자주 사용하는 단어나 어구가 다르고, 어조나 방언이 다르고, 표현법이 다르다. 말하자면 언어는 말로 된 지문^{指紋}이나 마찬가지다. 다른 사람에게 "이런 말은 해도 되고, 이런 말은 쓰면 안 됩니다"라고 말하는 것은 자칫하면 권리 침해로 여겨질 수 있다. 그러나 이미 구조적인 차별을 겪고 있는 사람이 앞으로도 계속 언어적 차별까지 견뎌내길 바라는 것 또한 권리 침해다.

"원래 고향이 어디세요?"라거나 "실제 성별이 뭔가요?"라는 질문은 아무리 정중하게 관심을 나타내며 묻는다고 하더라도 받아들이는 사람에게는 무례하고 고통스러운 말일 수 있다. 이런 말이 인종차별적 발언, 혹은 트랜스젠더를 무시하는 발언이 될 수 있음을 모든 사람이 제대로 인지해야 한다. 무심코 하던 말을 곰곰이 반성하기란 고통스러운 일이다. 누구도 자신이 인종차별주의자라고 말하고 싶지 않기 때문이다. 당연한 일이다. 스스로 인종차별주의자라고 밝히고 싶어 하는 사람은 극소수이며, 낯선 사람이나 약자를 혐오하고 싶은 사람도 거의 없다.

　하지만 우리의 일상, 언어, 소비습관에는 구조적 불평등이 깊이 뿌리박혀 있다. 우리의 라이프스타일은 식민주의와 착취에 기반을 두고 있으며 지구 반대편의 사람들이 부담을 지고 있어 제대로 작동하고 있을 뿐이다. 우리는 정말로 그러기를 바라는가? 트랜스젠더를 배척하는 사람이 되고 싶은가? 아프리카계 독일인, 터키식 성을 쓰는 독일인, 크로아티아 출신 이민자들이 이방인이라는 기분을 느끼게 하고 싶은가? 소수자들을 정확하게 지칭하는 새로운 단어가 만들어진다는 것은 우리 사회에 속한 모든 사람이 정당한 대접을 받고 안전하다고 느낄 수 있다는 뜻이다. 또 새로운 단어가 생겨나면 새로운 차원의 논의가 발생한다. 이에 따라 우리는 연대와 동등한 권리를 다시 고찰할 수 있다.

지금부터는 상대방을 고려하는 바람직한 방법들을 소
개하고자 한다.

새로운 단어를 익히자

많은 사람들이 성차별과 인종차별을 배제한 언어에 익
숙해지고 있지만 아직도 갈 길이 멀다. 새로운 언어 습관은
두 갈래로 나뉜다. 첫 번째는 멸시적이고 상처 주는 말을
더 이상 사용하지 않는 것이다. 두 번째는 모든 사람을 평
등하게 대하고, 여태까지 사회적으로 드러나지 않았던 소
수자들을 조명하기 위해 새로 만들어진 단어나 전문용어
를 일상적으로 사용하는 것이다.

두 번째 경우에 해당하는 단어에는 LGBTQ 공동체
가 속한다. 레즈비언^{lesbian}, 게이^{gay}, 바이섹슈얼(양성애자)
^{bisexual}, 트랜스젠더^{transgender}, 퀴어^{queer}(성소수자)의 머리글자를
딴 줄임말이다. 때때로 인터섹슈얼^{intersexual}의 I를 덧붙이는
경우도 있다. 레즈비언이나 게이, 바이섹슈얼은 널리 알려

진 개념이지만 아직 트랜스젠더와 퀴어의 차이점을 모르는 사람이 많다.

트랜스젠더: 날 때부터 정해진 생물학적인 성별과 자신의 성 정체성이 맞지 않아 혼란을 겪는 사람들이다. 이들은 살아가면서 점차 자신의 성 정체성에 맞는 성별과 동화된다.

트랜스섹슈얼transsexual**:** 트랜스젠더에 속한 하위 그룹이다. 이들 또한 신체적인 성별과 정신적인 성별이 맞지 않는다는 혼란을 느낀다. 대부분의 트랜스섹슈얼에게는 호르몬 치료나 외과적 수술로 신체의 성별을 정신적인 성별에 맞추는 일이 중요하다. 그런데 트랜스젠더 중에는 치료나 수술을 거부하는 사람도 있다. 그래서 모든 트랜스젠더가 트랜스섹슈얼인 것은 아니다.

퀴어: 자신의 성 정체성이 사회적 규범과 다르다고 보는 사람들이다. 퀴어란 원래 동성애자인 남성을 지칭하는 단어였으나, 오늘날에는 상위 개념으로서 시스젠더cisgender가 아닌 모든 사람을 지칭하는 말로 쓰인다.

시스젠더: 트랜스젠더가 아닌 사람, 성 정체성이 생물학적인 성과 일치하는 사람을 뜻한다.

무성애자: 성별에 관계없이 어떤 상대에게도 성적인 끌림을 느끼지 않는 사람이다. 그렇다고 무성애자가 다른 사람들과 아무런 관계도 맺지 않는 건 아니다. 상대방과 로맨틱한 관계를 맺기도 하지만, 그 사람과 성적인 접촉을 하고 싶다고는 생각하지 않는다. 그런데 성행위란 대부분의 사람들이 사람이라면 응당 하고 있거나 해야 하는 것이라고 생각하는 행동이기 때문에 무성애자는 자신이 '비정상'은 아닌지 고민한다.

바이너리binary**:** 사람의 성별을 생물학적 구분에 따라 남자와 여자로 이분법적으로 나누는 것을 말한다. 이런 이분법은 인터섹슈얼이나 논바이너리non-binary인 사람들을 무시하는 방식이다. 다른 문화권에는 이미 수백 년 전부터 논바이너리를 지칭하는 단어가 존재했다. 히즈라Hijra(인도에서 남성도 여성도 아닌 성 정체성을 가진 사람들을 부르는 말이다─옮긴이)를 예로 들 수 있다.

다이버스^{diverse}: 인간의 상위 개념으로, 논바이너리이면서 트랜스젠더인 사람들 혹은 논바이너리이거나 트랜스젠더인 사람들을 포괄한다. 말하자면 이분법적인 젠더 구분에서 벗어난 사람들을 뜻한다. 요즘에는 누구도 성 정체성 때문에 차별받는 일이 없어야 한다는 생각이 퍼지면서 구인광고의 성별 표기란에 "남성, 여성, 다이버스"라고 표기하는 회사도 있다.

젠더: 사회구조적인 성을 말한다. 즉 생물학적인 성에 따라 사회적으로 기대되는 것이 젠더이다(예를 들어 여성에게 돌봄 노동이 요구되는 것처럼). 젠더 이론에 따르면 인간의 성별은 항상 사회적으로 만들어지는 것이고, 생물학적인 두 가지 성별 외의 성도 존재하기 때문에 허구적인 것이다. 하지만 대부분의 경우 젠더라는 단어는 생물학적인 성이 아닌 성을 뜻하거나, 남성과 여성이라는 이분법적 구분에서 벗어났다는 점을 명확하게 드러낼 때 사용된다. 성 정체성에 관한 언어 표현이 확장됨에 따라, 단어에 성별이 있는 언어를 사용하는 국가에서는 표기법에도 주의를 기울여야 한다.

젠더플루이드^{genderfluid}: 상황에 따라 다양한 젠더를 유동적으로 오가는 사람들을 뜻한다. 퀴어와 달리 대개 이분법적인 성별 체계에 기반을 두지만 상황이나 상대에 따라 두 가지 성별을 오간다.

시스—이성애 규범성: 모든 사람이 시스젠더에 이성애자이기를 바라는 것, 말하자면 모든 사람의 생물학적인 성과 성 정체성이 일치하고, 다른 성별의 사람에게 성적으로 끌리기를 희망하는 것이다. 시스—이성애 규범성이 현재 우리 사회에 깊이 뿌리박혀 있기 때문에 많은 사람들이 자신의 성 정체성이나 성 지향성을 시스젠더 혹은 이성애자로 정의해야 한다는 압박을 느낀다.

인터섹슈얼: 태어날 때부터 생물학적인 성이 남성으로도, 여성으로도 정의되지 않는 사람을 말한다. 이들은 염색체 수 이상 혹은 호르몬 이상으로 남성과 여성의 성기를 모두 갖고 있다. 다만 두 생식기 모두 불완전하여 이를테면 겉으로 보이는 신체 특성은 여성이나, 자궁, 난소 등이 없는 경우도 있다. 인터섹슈얼로 태어나는 아이들은 어릴 때부터 생물학적인 성이 결정되는데, 이 때문에 성 정체성에 대해 심각하게 고민하기

도 한다. 인터섹슈얼인 사람들에게 성 정체성 찾기란 힘겨운 도전이다. 게다가 이들의 갈등과 고민이 질병으로 분류되기도 한다. 이들은 의학적으로 반음양이라 불리기도 한다. 하지만 많은 인터섹슈얼이 반음양이라 불리기를 거부한다.

무지개 가족: 현재의 이성애 중심적인 가족 관계 기준, 예를 들어 '아버지, 어머니, 자녀'의 틀을 벗어난 가족 구성을 말한다. 한 예로, 두 명의 레즈비언 어머니와 자녀로 구성된 가족을 들 수 있다.

트랜스포비아transphobia: 트랜스섹슈얼인 사람들과 그들의 생활 방식에 사회적인 혐오와 반감을 나타내는 것이다. 심지어 차별과 적대감을 넘어 트랜스섹슈얼을 폭행하거나 심지어 살해하는 사람도 있다. 성별을 정정하고 개명한 사람을 예전 이름으로 부르거나 잘못된 대명사를 사용해 지칭하는 것도 트랜스포비아다. 트랜스포비아는 '혐오 범죄'로 규정된다. 《해리 포터》 시리즈의 작가인 J. K. 롤링은 트랜스젠더 혐오적인 트윗을 올렸다가 뭇매를 맞기도 했다.

크로스드레서crossdresser: 자신의 생물학적인 성에 만족하지만 반대 성별의 옷을 입는 것을 즐기는 사람이다. 대부분은 이성애자 남성인데, 이들은 사회적으로 여성의 것이라 규정하는 옷을 입고 자신의 여성적인 면모를 드러내며, 여성의 행동이라 정형화된 행동을 한다. 대부분은 사적인 일상을 보낼 때만 다른 성별의 옷을 입지만, 스스로를 표현하고 드러내기 위해 여장을 하는 사람들도 있다.

친화: 사회적 장벽을 허물어 모든 사람이 사회에서 응당 받아야 할 몫을 받을 수 있도록 하는 데 목적을 둔 활동이다. 우리는 장애인 친화적이고, 이민자 친화적이고, 아동 친화적인 사회를 만들 수 있다. 이런 약자들은 정치에 참여할 수 없거나 참여하기가 힘들며 사회경제적으로 불이익을 당한다. 우리는 계속해서 모든 사람에게 친화적인 사회를 만들어가야 한다.

혐오 발언 혹은 헤이트 스피치hate speech: 특정한 사람들, 특히 소수자들을 비하하는 말을 뜻한다. 이것은 단순히 개인적인 언어 사용 문제가 아니라 사회적인 문제다. 최근에는 혐오 발언이 점점 더 늘고 있다. 그래서 많은 공식 기관이 혐오 발언(특히 온라인상에서의)에 반대한다는 성명을 냈다.

마파Maafa: 커다란 불행을 뜻하는 스와힐리어로 아프리카에서 벌어진 대학살을 가리킨다. 외부인들이 아프리카에서 벌인 학살, 전쟁, 학대 등을 묘사할 때 쓰이는 말이기도 하다. 특히 유럽인들이 아프리카인들을 노예로 끌고 가고, 인종 말살 정책을 펼치고, 아프리카 대륙을 식민지화했을 때를 가리켜 마파라고 한다.

피플 오브 컬러 People of Color, PoC: 백인이 아닌 모든 인종을 지칭하는 말이다. '유색인종'이라고도 하지만, 최근에는 그 말도 사용을 지양하는 추세다. 유색인종이라는 말은 백인이 가장 근본적이고 우월한 인종이라는 뜻을 내포하며, 식민지에서부터 인종차별적으로 쓰인 말이기 때문이다. '검은 피부'라는 말도 이제는 자주 사용되지 않는다. 같은 아프리카계 사람들을 피부색의 밝기에 따라 계급화하는 것 또한 인종차별이다. 백인이 아닌 인종을 가리킬 때 BIPoC라는 말을 쓰기도 한다. 흑인Black, 원주민Indigenous, 피플 오브 컬러의 줄임말이다. 원주민은 인종차별적인 단어인 '인디언'을 바로잡은 말이다.

인종: 식민지 시대의 잔재다. 당시에는 권력자인 백인들이 인종에 따라 사람을 나누고 심지어 백인이 아닌 사람들을 인간 동물원에 전시하기도 했다. 인간 사이에서 인종의 구분이 무의미하다는 것은 이미 명백히 증명된 사실이다. 따라서 이제 인종이라는 말이 사라져야 할 때다. 다만 인종차별을 이야기할 때는 예외다. 사람이 인종 때문에 차별당하는 상황을 구체적으로 명시하는 말이기 때문이다. 인종에 해당하는 영어 단어 'race'는 유전적으로 구분한 인종뿐만 아니라 사회적 현상에 따른 인간 분류를 나타낸다.

스노우플레이크snowflake: 눈송이라는 뜻으로 2010년대 신조어다. 원래 의미는 어떤 일이든 인종차별, 성차별, 호모포비아로 연관 지어 자신이 지나치게 핍박받고 있다고 여기며 엄살 부리는 사람을 말한다. 하지만 실제로 차별받고 있는 사람에게 스노우플레이크라고 말하는 것은 그 사람이 받는 차별을 "네가 너무 예민해서 그렇다"며 개인적 문제로 축소할 우려가 있다.

백인: 실질적으로 피부색을 기반으로 사람을 지칭하는 단어

가 아니다. 백인의 피부가 아무리 하얗다 한들 백지장처럼 하얗지는 않으며, 흑인의 피부가 아무리 검다 한들 칠흑처럼 검지는 않기 때문이다. 사실상 흑인은 외모 때문에 차별당했고, 여전히 차별당하고 있다. 서양권 국가에서는 흑인이라는 단어를 쓸 때 맨 앞 글자를 대문자로 표기함으로써^{Black} 피부색이 아니라 사회적인 이슈에 관해 언급하고 있다는 뜻을 분명히 하기도 한다. 한편 백인을 기울임체를 써서 *white*라고 표기하면 피부색 덕분에 아무런 차별도 겪지 않는 사람을 뜻한다.

지금까지 언급한 몇 안 되는 단어들은 이 문제를 처음 접하는 사람들이 조금이나마 각 개념을 이해하도록 도와주는 기본 단어다. 다만 지면상의 문제로 설명을 과도하게 줄였을 뿐이다. 제대로 설명하려면 단어 하나당 도서관 벽 한 면을 채울 정도의 해설이 이어질 것이다. 더 깊이 알고 싶다면 인터넷에서 퀴어 활동가들의 사이트를 찾아보면 된다. 요즘에는 SNS나 팟캐스트 등에서 공개적으로 활동하는 활동가들이 많기 때문에 도움을 받을 수 있다. 관련 도서도 다수 출간되어 있다.

언어는 모두를 아울러야 한다

우리는 언어를 사용해 우리가 사는 세상뿐만 아니라 우리를 이루는 생각도 표현하고 구성한다. 어떤 사람의 말투나 어법을 들으면 그 사람이 언제 어디에서 태어나 어떤 정치적 성향을 가졌는지 알 수 있다. 같은 사람을 두고 추방자라 부르느냐, 난민이라 부르느냐에 따라 화자가 어떤 사상을 가졌는지 알 수 있는 것이다. 추방자는 수동적인 느낌이다. 그 사람이 자신의 의지와는 상관없이 국가로부터 쫓겨났다는 느낌이 든다. 반면 난민이나 망명자는 스스로 목표를 설정하고 자신이 태어난 나라를 떠나왔다는 능동적인 느낌을 준다. 대부분의 사람들이 새로운 삶을 찾고자 스스로 국가를 떠난 사람들이므로 올바른 호칭을 사용하는 편이 좋다.

유럽의 다수 언어처럼 명사에 성별이 있는 경우, 대개 생물학적인 여성에게는 여성형 대명사와 직업 명사를, 생물학적 남성에게는 남성형 대명사와 직업 명사를 사용한다. 그런데 '사람'을 아울러 말할 때는 대부분 남성형 명사를 대표적인 명사로 사용한다. 남성형 명사로 표현되기를 거부하는 여성들은 잘못된 호칭으로 불리고 싶지 않은 LGBTQ 커뮤니티 일원들과 뜻을 같이한다. 우리가 예전부터 사용하던 명칭 때문에 소외되는 사람들이 있다면 이제는 명칭을 바꿔야 할 때다.

지금까지 이런 주제를 생각해보지 않았던 사람들은 앞으로 모든 것이 거슬릴 것이다. 수많은 사람들이 새삼 목소리를 내며 사회적 담론을 이끌기 시작하면 여태까지 대다수를 차지하던, 이른바 백인 이성애자 시스젠더들이 자신들이 여태까지 누리던 특권을 주장하며 저항할 것이기 때문이다.

그렇다고 여기서 그만둘 수는 없다. 주변 사람들이 모두 퀴어가 아니더라도, 주위에 성별을 정정한 친구가 없더라도, 우리는 언제 어디서 LGBTQ 커뮤니티 구성원을 만날지 모른다. 그 전에 미리 이와 관련된 주제를 알아두고, 자신만의 관점을 형성해두는 편이 좋다. 앞서 언급한 단어들이 낯설고 이상하고 무의미하게 들리더라도 이런 주제와 익숙해지는 것은 가치 있는 일이다. 여태까지 과소평가되고 차별받고 무시당하던 사람들을 인지하고 존중하고 그들의 요구를 들어야 한다.

그 첫걸음은 올바른 인칭대명사를 사용하는 것이다. 말할 때는 물론, 글을 쓸 때도 그 사람의 정체성에 맞는 단어를 사용해야 한다. 앞서 언급했듯 남성형 명사와 여성형 명사를 구분하는 언어를 사용하는 국가에서는 여러 명을 한꺼번에 지칭할 때 주로 남성형 명사를 대표로 사용하거나, 만약 인원 중 여성이 더 많은 경우에는 여성형 명사를 대표로 사용한다. 요즘에는 그런 관습이 다른 성 정체성을 가진 사람들을 지워버리는 일이라는 인식이 강해, 남성형 명사와 여성형 명사를 통합한 표기법을 활용하거나, 아예 '여러분'이라는 말을 대신 사용하기도 한다.

더 똑똑해져야 한다

미투 운동은 여성에 대한 성폭력과 폭력을 수면 위로 드러냈다. 환경운동가 그레타 툰베리가 창시한 기구 '미래를 위한 금요일'은 많은 성인들이 자신의 행동을 돌아보게 했다. 또 '흑인의 목숨도 중요하다 Black Lives Matter, BLM' 운동은 미국에서 시작돼 유럽까지 퍼졌다.

우리 모두가 반드시 그레타 툰베리의 팬이 되어야 하는 것은 아니다. 독일에서는 이미 많은 대도시에서 녹색당(독일의 한 정당으로 주요 이념은 환경 보호와 반핵이다—옮긴이) 당원들의 당선 비중이 늘었기 때문이다. 만약 더 시급한 사회적 문제에 집중하고 싶다면 반드시 성평등 문제에만 집중해야 하는 것은 아니다. 하지만 모든 사람은 현재 논의가 진행 중인 주제를 잘 알고 있어야 한다. 그리고 알고 있는 선에서 그쳐서는 안 된다. 자신과 의견이 같은 사람하고만 이야기를 나눠서는 더 똑똑해질 수 없다. 논점이 다양한 신문을 읽고, 언론 방송을 듣고, 활동가들의 SNS를 팔로우하고, 책을 읽고, 무엇보다도 당사자들의 이야기에 귀를 기울여야 똑똑해질 수 있다.

원래 사용하던 단어를 굳이 바꾸고 싶지 않다면, 이메일을 쓸 때 굳이 성평등적인 단어를 사용하지 않아도 되고 난민을 추방자라고 불러도 좋다. 깊이 고찰한 결과 그런 단어를 계속해서 사용하기로 결정했다면 어쩔 수 없다. 우리가 다른 지역 사람들을 착취해 높은 생활수준을 영위하는 국가에 살고 있다는 게 개인의 잘못은 아니기 때문이다. 이 세상의 모든 불평등과 차별을 동시에 없앨 수 있는 사람은 없다. 그러나 모든 사람은 현재 차별받으며 살고 있는 사람들의 삶이 조금 더 나아지는 데 일조할 수 있다.

상대방의 호칭을 배려하자

평범한 근무일, 컴퓨터가 다운됐다. IT 부서에 도움을 요청하자, 로빈이라는 직원이 컴퓨터를 살펴보러 찾아왔다. 그런데 로빈은 키와 손이 매우 크고 목소리가 저음인 여성이었다. 그 사람은 남자인가, 여자인가? 트랜스젠더인가, 퀴어인가? 로빈을 어떻게 불러야 할까?

사람에게 어떤 대명사를 사용해야 할지 알 수 없다면, 계속해서 3인칭으로 이름을 부르는 편이 좋다. "그 케이블 로빈 씨 거예요. 로빈 씨가 오늘 아침에 가져왔어요"라는 식으로 말이다.

어려운 일인가? 그렇지 않다. 언어 습관적으로 익숙하지 않은 일인가? 그럴 수도 있다. 이렇게 생각해보자. 주변 인들이 로빈에게 제대로 된 호칭을 사용하면 로빈이 스스로 이 사회에 속해 있으며 적절한 대접을 받고 있다고 느끼는 데 도움이 되는가? 당연하다. 시스젠더에 이성애자인 사람들이 조금만 더 배려하면 로빈은 큰 위안을 얻을 수 있다. 게다가 그리 복잡한 일도 아니다. 남자와 여자에게 각각 '미스터'나 '미즈 혹은 미스'라는 호칭을 사용하는 언어권에서는 논바이너리 사람에게 특정한 호칭을 사용하지 않고 그냥 이름을 부를 수 있다. 필요한 경우에는 상대방에게 어떻게 불리고 싶은지 물어봐야 한다.

미세공격도 공격이다

독일에 살며 터키식 이름을 쓰는 사람에게 어디에서 왔느냐고 묻는 것은 아무런 의도가 없을지라도 무례한 짓이다. 무신경함이 남에게는 큰 상처가 된다. 독일에서 태어나 독일에서 자란 터키계 독일인에게 출신지를 묻는 것은 은연중에 그 사람이 독일 사회에 속하지 않는다고 말하는 것이나 다름없기 때문이다. '나 한 명이 그렇게 묻는 것쯤이야'라고 생각할지도 모르겠지만, 상대방은 하루에도 몇 차례나 그런 말을 들을지도 모른다. 그러면 그 사람은 어느 순간 '난 역시 이방인일 뿐인가'라고 느낄 것이다.

이렇게 우리 사회에 속한 사람을 이방인으로 취급하는 것을 '타자화'라고 한다. 그리고 타자화는 전형적인 미세공격microaggression이다. 이게 왜 잘못된 행동인지 모르겠다면, 이웃이나 동료 직원이 나에게 "당신 같은 사람들"이라고 말하는 상황을 상상해보면 된다. 그런 말을 단 한 번만 들어도 기분이 나쁠 텐데, 어떤 사람들은 하루에도, 일주일에도 몇 번씩 그런 말을 듣는다. 그러면 자연히 자존감이 낮아질 수밖에 없다. 게다가 애초에 상대방의 출신지가 왜 궁금한가? 그 사람의 부모, 조부모의 출신지가 왜 궁금한가? 출신지 말고도 우리가 상대방에게 호기심을 느낄 사항은 무궁무진하다. 얼마든지 다른 질문을 던질 수 있다.

어떤 사람들은 출신지를 묻는 질문도 그리 기분 나쁘게 느끼지 않는다. 같은 질문일지라도 반응은 다양하다. 인간의 행동과 감정 스펙트럼은 매우 넓기 때문이다. 하지만 상대방이 상처받을 수도 있는 지점이 어디인지 모른다면 그 사람과 친해질 때까지는 개인사와 거리가 먼 주제로만 이야기를 나누는 편이 좋다. 출신지를 묻거나, 내 모국어를 쓰는 상대방의 언어 능력을 칭찬하거나, 곱슬머리인 흑인의 머리카락을 만지려는 행동을 해서는 안 된다. 특히 출신지를 묻는 질문은 이미 이 나라에서 살고 있는 상대방을 소외시키는 말이나 다름없다. 만약 상대방이 난민이거나, 출신지나 가족과 관련된 트라우마를 안고 있다면 상대방을 깊이 상처 입힐 우려가 있는 말이기도 하다. 그 누구도 잘 알지 못하는 남에게 자신의 트라우마를 드러내고 싶지는 않을 것이다.

내가 가진 특권을 생각해야 한다

모든 사람을 아우르는 언어를 사용하고 이에 관해 논의하는 것은 중요한 일이지만 가장 중요한 일은 아니다. 올바른 언어 사용보다 더 중요한 것은 태도와 행동 전반이다. 성평등적인 언어나 올바른 어휘를 사용해야겠다는 다짐은 사람이 다른 사람을 잘못된 단어 선택으로 소외시키거나 상처 입혀서는 안 된다는 생각에 따른 것이어야지, 그저 시대에 뒤처진 사람이나 인종차별주의자로 낙인찍히기 싫어서라는 생각에 따른 것이어서는 안 된다.

무엇보다도 자신의 역할을 곰곰이 생각해야 한다. 백인이거나, 이민자가 아닌 시민권자라면 그것만으로도 특권을 쥔 셈이다. 모든 측면에서 표준에 속하고, 일상생활을 하면서 인종차별, 제노포비아, 호모포비아적인 말을 듣지 않는 건 엄청난 특권이다. '포스트 메르켈'이라 불리던 독일의 국방장관 안네그레트 크람프 카렌바우어는 사육제 연설을 하며 제3의 성을 비하하고 스스로를 '불쌍한 소수자'로 지칭해 논란을 빚었다. 정치 피라미드의 꼭대기에 선 사람조차 다양성이라는 주제에 아무런 생각이 없고 무디다는 사실을 여실히 보여준 사건이다. 이 사건을 보며 우리는 소수자들의 일상이 우리가 상상하는 것보다 훨씬 고되고 힘들 거라 예상할 수 있다.

　　대부분의 백인 이성애자 시스젠더인 사람들은 퀴어인 소수자들이 일터 등에서 자신의 성 정체성이나 성 지향성을 숨겨야 한다는 사실조차 이해하지 못한다. 백인이 주류인 국가에 사는 흑인은 집을 구하기도 어렵다. 집주인들이 흑인에게 집을 임대하기를 꺼리기 때문이다. 터키계 독일인들은 "어떻게 그렇게 독일어를 잘해요?"라는 말을 자주 듣는다. 독일어 원어민인데도 말이다. 해수욕장에 간 트랜스젠더는 불쾌한 시선을 견뎌야 할 것이다. 선진국 남성과 결혼한 다른 인종 여성들 또한 모멸감을 자주 경험한다.

기득권층은 소수자들처럼 불쾌하고, 불편하고, 슬프고, 모욕적이고, 때때로 신변의 위협까지 느끼는 경험을 하지 않아도 된다. 게다가 과거부터 기득권층이었던 인간상에 부합한다는 이유만으로 아직까지도 경제 및 사회 체제의 혜택을 받는다. 물론 이것은 개인의 잘못이 아니다. 중요한 것은 잘못이 아니라 책임이다.

소수자들은 정치 참여가 힘들다는 사실을 알자

세상을 더 나아지게 만들고 싶고, 더 신중하고 사려 깊은 사람이 되고 싶고, 다른 사람들이 이 세상을 조금은 더 쉽게 살아갈 수 있도록 하고 싶다는 생각이 든다면 좋은 일이다. 그런데 그러기 위해 노력해야 할 사람은 흑인이나 이민자, 퀴어가 아니다. 소수자들이 겪는 문제를 해결하고 그에 대한 책임을 져야 하는 건 소수자 자신이 아니다.

왜일까? 힘들고 괴로운 일이기 때문이다. 매일같이 소

외당하는 것만도 힘들고 괴로운데, 평생 동안 겪어온 부당한 차별을 철폐하기 위해 소수자들이 또다시 자신을 드러내고 세상에 맞서 싸우기란 어렵다. 자신이 겪은 불쾌하고 굴욕적인 일들과 트라우마를 드러내기란 괴로운 일이다. 자신을 계속해서 피해자로 느끼는 것도 몹시 힘든 일이다.

백인 이성애자 시스젠더인 사람들에게 "당신은 인종차별주의자가 아니지만 당신이 방금 한 발언이나 행동은 무의식적인 인종차별"이라고 일일이 설명하는 일도 피곤하다. 애써 설명해봐야 돌아오는 반응은 싸늘할 때가 대부분이다. 게다가 상대방이 지금 법과 인간의 존엄성을 침해하고 있다고 지적하는 것은 때때로 위험한 행동이다. 왜 흑인이나 퀴어들이 이런 위험을 감수해야 하는가? 다른 사람들을 교육하는 건 그들의 잘못이나 과제나 책임이 아니다. 사회의 변화를 받아들이고, 타인을 상처 입히지 않고, 늘 열린 마음으로 생활하며, 누구도 배척하지 않는 것은 다수자들에게 주어진 과제다.

인권, 특히 소수자의 권리에 대해 공부할 때 유용한 블로그나 팟캐스트, 책이 많다. 도서관을 이용하면 비용을 안 들이고도 얼마든지 관련 자료를 얻을 수 있다. 소수자들

더러 작금의 인종차별이나 성차별 문제를 해결하는 데 앞장서라고 말하는 것은 성폭행 피해자에게 성폭행과 맞서 싸우라고 말하는 것과 마찬가지다. 물론 소수자들 중 몇몇은 직접 나서는 것이 자신에게 주어진 임무라고 여기고 적극적으로 행동한다. 하지만 어떤 사람들은 그 주제에 관해 이야기하기를 원하지 않을 수도 있다. 어떤 길을 가는지는 그들의 선택이다. 소수자들이 책임져야 할 문제는 아니다.

유행에 숨은 정치적, 문화적 의미를 알아야 한다

속옷 브랜드인 빅토리아 시크릿의 2012년도 패션쇼를 보면 당시의 유행을 알 수 있다. 몸에 지방이라곤 거의 없어 보일 정도로 깡말랐지만 가슴만은 풍만한 금발 여성들이 라이더 재킷, 축구 유니폼, 아메리카 대륙 원주민 전통 의상 등을 입고 무대를 누볐다.

성차별, 여성을 바라보는 역겨울 정도로 노골적인 시선, 속옷의 낮은 품질, 대기업의 잘못된 경영 등으로 인해 해당 브랜드는 현재 시장에서 고전을 면치 못하는 중이다.

그런데 그 패션쇼는 우리에게 선물을 하나 남겼다. 백인 여성들이 아메리카 대륙 원주민의 전통 의상을 입고 나온 모습을 본 많은 사람들이 '문화적 도용^{cultural appropriation}'(다수자 문화 집단이 소수자 문화 집단의 전통 문화를 자기 것인 양 무단으로 사용하는 것을 주로 일컫는다―옮긴이)을 주제로 토론을 하기 시작한 것이다.

처음에는 미국만의 문제로 보였다. 독일인들은 독일에는 문화적 도용과 관련된 문제가 없다고 생각했다. 독일에는 원주민이 없으니 사육제 퍼레이드 이벤트에서 아메리카 원주민의 의상을 입는 건 문제없다는 인식이 강했다. 해마다 각종 문화 행사 날이 다가오면 옷가게는 다양한 의상으로 가득 찼고, 아메리카 원주민 복장은 다른 디즈니 공주 드레스나 유명 캐릭터가 프린트된 옷과 동등한 취급을 받았다.

그런데 '흑인의 목숨도 중요하다' 운동이 시작되면서 대중들의 인식이 성장했다. 아시아 국가로 휴가를 갔다가 기념품으로 작은 불상을 사 와서 욕실이나 화장실을 이국적으로 꾸미는 것이 사실은 문제가 많은 행동이라는 인식도 생겼다. 다른 국가의 종교적 상징을 장식품이나 라이프스타일 소품으로 쓰다니, 해당 종교인의 입장에서는 정말 불쾌한 일이다. 자신이 종교에 그다지 심취하지 않았다고 해서 다른 종교의 상징을 아무 생각 없이 장식으로 사용함으로써 다른 종교인을 상처 입혀서는 안 된다.

어차피 호주인, 일본인, 이탈리아인 등 각국 여행객들이 9월마다 뮌헨에 찾아와 20유로짜리 저렴한 디른들을 입고 돌아다니며 옥토버페스트를 즐기기도 하니, 독일인들이 다른 나라의 문화를 조금 즐기는 것도 큰 문제는 아니라고 생각할 수 있다. 하지만 이것은 전혀 다른 문제다. 외국인들이 옥토버페스트에 와서 디른들을 입고 돌아다닌다고 해서 상처받거나 불쾌한 경험을 하는 사람은 없다. 그것은 말하자면 오스카 와일드가 말한 삶이 모방하는 예술이기 때문이다.

그런데 만약에 일본이나 호주가 지난 수백 년 동안 독일을 식민지로 삼아 착취했다면, 일본인이나 호주인이 독일의 전통 의상을 입고 돌아다니는 모습을 견딜 수 있을까? 과거에 이탈리아가 독일을 약탈하고 독일 땅을 짓밟은 적이 있다면 싸구려 디른들을 입고 돌아다니는 이탈리아인들을 보고 분노하지 않을 수 있을까? 만약 독일이 세계 역사에서 항상 착취당하는 약자 입장이었다면, 일본인들이 독일인처럼 옷을 입고 돌아다니는 모습을 기꺼이 받아들일 수 있을까? 바이에른 지역의 경제가 오로지 관광산업에만 달려 있어 조금 못마땅하더라도 관광객들에게는 무조건 친절해야 한다면, 우리는 지금과 같은 관대한 마음가짐으로 바이에른 지역의 전통 의상을 입은 외국인들을 바라볼 수 있을까?

여기서 우리는 다시 한번 특권을 생각해야 한다. 순수한 마음으로 한 언행이라고 설명하기 전에, 당신의 특권을 먼저 살펴보라. 독일인이 크로아티아의 전통 문양 자수가 들어간 셔츠를 사 입는 것은 크로아티아인들의 삶을 고려하지 않고 그저 유행을 좇는 행동이다. 백인이 브레이드 헤어(땋은 머리)를 하는 것은 실제로 노예 생활을 하며 머리를 땋고 지내야만 했던 타 인종을 고려하지 않고 유행만을 좇는 행동이다.

모델 칼리 클로스가 빅토리아 시크릿 쇼에서 깃털로 장식된 아메리카 원주민의 전통 의상을 입고 포즈를 취했을 때, 클로스와 대기업은 남의 문화를 전시하며 어마어마한 돈을 벌었다. 그러나 그것을 원래 고유한 문화로 가지고 있던 사람들은 아무것도 얻지 못했다. 원주민들에게는 겨우 명맥만 유지하고 있는 문화와 원주민 거주지로 지정된 곳에서의 제한된 삶, 그리고 이제 전 세계에서 성적 대상화될 종교적 상징만이 남았다. 그들은 자신들의 전통 의상을 포기할 수도 없고, 차별에서 벗어날 수도 없다. 일자리를 찾으려고 이력서를 내도 면접 기회조차 주어지지 않는다. 원주민임이 드러나는 이름 때문에 이미 서류 심사에서 탈락하기 때문이다.

다만 문화적 도용의 경계는 그리 뚜렷하지 않다. 유행이란 유동적이며 사람들이 예쁘다고 생각하는 것을 기준으로 수시로 바뀌고, 맥락과 개개인의 스타일에 따라 다르기 때문이다.

앞서 언급한 크로아티아의 전통 문양 자수가 들어간 셔츠는 원래 그 지역의 농민들이 주로 입던 옷이다. 베를린에 사는 사람이 짧은 청바지에 그 셔츠를 입는다면 그저 유행에 맞는 예쁜 옷을 입은 것처럼 보이리라. 그런데 과연 오늘날 크로아티아의 농민들은 그 셔츠를 입고 논밭으로 일하러 갈까? 옷장을 살펴보자. 해군 세일러복, 트렌치코트, 가로줄무늬 티셔츠 등 예전에는 특정한 직업군에 속한 사람들만이 입었지만 이제는 패션이 된 옷이 많을 것이다.

머리 스타일이나 옷이 한 번 유행의 물살을 타면 그것에 담겨 있던 원래의 정신을 다시 주워 담기 어렵다. 그런 유행은 과연 추구할 가치가 있는 것일까? 돌고 도는 유행은 세계화된 억압을 나타내는 걸까? 혹은 다른 문화나 아름다움에 대한 관심과 개방성이 아닐까? 이성애자이자 백인이며 소위 선진국 국적을 가진 사람은 기껏 사 둔 셔츠를 옷장 깊숙이 넣어두기만 해야 하는 걸까? 만약 그 사람이 백인이기는 하지만 동성애자라면 다른 나라의 전통 문양이 자수된 셔츠를 입어도 될까? 가난하지만 야망이 넘치는 이 중국적자 대학생이라면 그 셔츠를 입어도 될까?

유행의 정당성과 소수자들의 사회적 소속감을 동시에 존중하기란 매우 어렵다. 특정한 문화권의 옷을 입거나 머리 스타일을 한 사람을 보면 자연스럽게 특정한 정체성이 떠오르게 마련이고, 그러면 문화적 도용을 생각할 수밖에 없기 때문이다. 문제의 사슬이 끊이지 않고 계속 이어지는 것이나 마찬가지다. 이 사슬은 애초에 인종차별을 만들어 냈으며 차별당하는 사람을 도와주지 않는다. 한편으로 독일 히피족의 드레드락(흑인들이 주로 하는 머리 스타일로, 레게

머리라고도 불린다―옮긴이) 머리 스타일은 일종의 사회적인 행동으로 여겨지며, 크로아티아 전통 문양 자수가 들어간 셔츠는 자라Zara 같은 패스트 패션 브랜드에 비해 환경에 훨씬 도움이 된다.

한자 문화권이 아닌 곳에 사는 사람이 아무 한자나 골라 문신으로 새긴다고 해서 큰일이 벌어지는 것은 아니다. 그러나 최근에는 그 이면에 한자 문화권 국가에 대한 몰이해와 다소의 오리엔탈리즘이 숨어 있다는 견해가 주목받고 있다. 어쨌든 문화적 도용은 소수자들을 물심양면 도우려는 것이라기보다 그저 개인의 취향에 따른 행동이다.

그럼에도 문화적 도용과 유행을 명확하게 양분하기란 불가능하다. 그리고 한 개인이 어떤 옷을 입고 어떻게 살아가야 하는지를 그 사람의 정체성에 따라 범주화한다면, 그것 또한 언젠가는 큰 문제가 될 것이다. 문화는 이동하며 성장한다. 문화는 정적인 것이 아니며 움직이지 못하도록 고정할 수도 없다. 변화는 외부적인 영향 없이는 발생하지 않는다.

만약 브레이드 헤어나 드레드락 머리 스타일을 한 백인이 비판받는다면, 그것은 문화적 소속감을 인간의 존재와 동일시하는 문화 정체성이 전제되기 때문이다. 하지만 문화는 얼마든지 나뉘거나 변할 수 있다. 자메이카에는 라스타파리Rastafari라는 신흥 종교가 있다. 라스타파리 교인들은 인도주의와 평화 등을 레게음악으로 표현하며 드레드락 머리 스타일을 고수하는 것이 특징이다. 미국인이자 백인인 배우가 외모를 조금 바꿔보려고 드레드락 머리 스타일을 했다고 해서 라스타파리 교인들의 본질이 바뀌지는 않는다.

그러나 약탈 미술품의 경우는 이야기가 다르다. 다른 나라에서 약탈해 온 문화재는 다시 원래의 나라로 반환되어야 마땅하다. 그런데 백인들은 어느 순간 자신들이 약탈해 온 문화재에 자신들만의 역사적 의미를 부여하기 시작했다. 심지어는 일부 문화재를 상업화하지 않고 보관하기도 했다.

한편 패션은 자신의 역량을 강화하는 이른바 임파워먼트empowerment(권한 부여)다. 타인의 패션에 간섭하는 것은 사회적인 진보가 아니다. 무심코 특정한 문양이 들어간 옷을 입은 사람을 훈계하거나 창피를 주는 것 또한 고상한 행동은 아니다. 만약 다른 사람의 집에 갔을 때 화장실에 불상이 있는 모습을 보고 신경에 거슬린다면 슬쩍 말을 꺼내며 정당한 토론을 해야 한다. 어쩌면 그 사람에게 어떤 의도가 있었을 수도 있고, 단순히 아무 생각이 없었을 수도 있다. 어떤 사람이 트위터나 페이스북에 잘못된 표현이 포함된 글을 올렸다면, 똑같이 트위터나 페이스북을 활용해 그 사람에게 사실을 알려주는 것은 괜찮다. 그런데 오프라인에서 아는 사람의 잘못을 온라인에 올려 험담해서는 안 된다. 그것은 친구 간의 예의다.

세상이 나아지려면 모두가 도와야 한다

1996년 독일의 맞춤법이 한 차례 개정된 적이 있다. 그런데 주류 신문사 중 한 곳은 예전의 맞춤법을 고수했고, 다른 한 곳은 개정된 맞춤법을 곧바로 적용했다. 한 나라의 주류 언론사들이 사용하는 맞춤법이 서로 다르다니, 당시 사람들은 경악했다. 하지만 오늘날 우리는 이렇게 생각한다.

'그럴 수도 있지.'

그사이 독일의 인구가 늘어난 만큼 많은 사람들이 자

신에게 익숙한 맞춤법을 쓰고 있다. 한편으로는 현행 맞춤법에 맞지 않는 글을 볼 때 신경이 쓰이기도 하지만, 다른 한편으로는 자유를 느끼기도 한다. 어떤 사람들의 독특한 어법이 맞춤법에 반영되는 경우도 있다.

사람은 누구나 자신의 사회정치적인 견해를 자신만의 문법과 단어로 표현할 수 있다. 이런 셀프 포지셔닝은 창의적인 자아개발 방법이다. 이를 통해 소외당하던 사람들은 곁다리로 언급되는 것이 아니라 마침내 직접 의견을 피력할 수 있다. 이것은 한 개인에게는 올바른 길일 수 있다. 하지만 다른 모든 사람이 자신과 함께 걸어주길 기대해서는 안 된다. 이는 매우 복잡한 주제다. 55세 이상인 세대 중에는 '주변에 성전환 수술을 한 지인이 단 한 명도 없는 백인 그룹'이 적지 않기 때문이다.

소수자와 관련된 주제에 대해 추상적인 개념만 알고 있는 사람들을 인종차별주의자나 성차별주의자라고 과도하게 비난하는 사람들 또한 다른 이들의 공감을 얻기는 어렵다. 요즘 세대인 우리는 기성세대가 우리와 다른 싸움을 했다는 사실을 자주 잊어버린다. 기성세대도 과거에는 당시 이득을 보던 계층과 싸운 사람들이다.

현재의 사회 변화가 너무 느리다고 한탄하는 사람들에게 위안이 되는 말을 전하자면, 동성애 혐오나 트랜스젠더 혐오, 일상적인 인종차별에 대한 사회적 인식은 나날이 성장하고 있다. 그리고 실제로 우리가 사는 국가와 도시 내에서 활발한 변화가 일어나고 있다. 유명인사가 인종차별이나 성차별에 무지한 발언을 했을 때 많은 사람들이 SNS에서 해당 발언을 비난하는 것 또한 긍정적인 변화다. 우리는 의견이 맞는 사람들과 함께 소외당하는 사람들을 위해 자발적으로 행동에 나서야 한다.

10장 　　　 위기 상황의
애티튜드

상황 때문에 순간적으로 엄청난 압박을 받으면
스스로를 피해자라 여기게 된다. 누군가에게 책임을 돌리면
내가 문제를 해결하려고 고군분투할 필요가 없기 때문이다.
하지만 그러면 자신감이나 자신의 문제 해결 능력에 대한
믿음은 절대 성장하지 않는다. 남에게 책임을 전가하지 않는
방법도 일상 속에서 연습해야 한다. 다른 사람에게 화를 내며
시간과 에너지를 낭비하기 전에 더 유용한
문제 해결 전략을 세워야 한다.

2020년의 '올해의 단어'는 코로나19 팬데믹과 락다운이었다. 2020년 3월까지만 해도 '위기'라는 단어는 개인의 위기를 뜻하는 말이었다. 누구나 중년의 위기, 이혼의 위기, 이직의 위기로 슬픔이나 우울을 겪기 때문이다. 이런 개인의 위기에 더해 모든 사람의 일상을 앗아간 전 세계적인 위기, 코로나19 팬데믹이 일어난 것이다. 외롭게 홈오피스에서 일해야 하는 사람들은 술자리에 가거나 모임을 갖기가 어려워졌고, 아이가 있는 사람들은 자녀를 집에서 돌보며 공부도 가르쳐야 했다. 일자리는 불안정해지고 기저질환이 있는 사람들은 건강을 더욱 염려하게 되었다. 전 세계 모든 국가가 비상사태에 처했으며 어떤 정부도 뚜렷하게 내세울 만한 대안은 없다.

대부분의 정부는 상황에 따라 그때그때 알맞은 결정을 내려야 한다. 2020년 1월까지만 해도 많은 사람들이 중국 정부의 대응이 얼마나 더 단호해질 수 있을지 궁금해하는 동시에 유럽에서는 절대 있을 수 없는 일이라고 생각했다. 그런데 2월이 되자 이탈리아의 보건 체계가 무너졌고, 3월에는 독일 내 슈퍼마켓의 화장지 선반이 텅텅 비어버리는 일이 발생했다. 2020년 12월까지 미국에서만 30만 명가량이 사망했고, 전 세계적으로는 500만 명 이상이 사망했다. 어느 나라의 뉴스를 틀어도 코로나19 확진자 혹은 사망자의 수는 계속해서 경신되는 중이다.

코로나19 팬데믹 속에서

모든 국가뿐만 아니라 모든 사람이 코로나19 팬데믹에 다른 반응을 보이고 있다. 어떤 국가는 완전한 락다운을, 어떤 국가는 '위드코로나'를 시행했다. 독일의 상황도 다르지 않아서 우리는 일상 속에서 위기 상황에 각기 다른 반응을 보이는 사람들을 만났다. 극우주의자, 오컬트 종교 신자, 민간요법 전문가, 제국주의자, 전자기장이나 마인드 컨트롤을 신봉하는 사람들이 한마음 한뜻이 되어 자신들의 특권과 편집증적인 면모를 지키려고 난리법석을 떨 줄 누가 상상이나 했겠는가.

부모들은 어떻게 하면 집에서 보내는 시간이 늘어난 자녀들을 화내지 않고 돌볼 수 있을지 고민한다. 아이를 혼자 키우는 사람은 유치원이나 보육원의 도움을 받지 못해 전전긍긍한다. 음식점, 소매점, 문화 관련 산업 분야는 어쩔 수 없이 직원을 줄이고, 직장을 잃은 사람들은 미래에 대한 불안을 안은 채 팬데믹을 겪는다. 졸혼을 결심하고 이미 몇 년 동안 각자의 삶을 살던 부부는 집에 함께 있는 시간이 늘어나면서 갑자기 시간과 공간을 공유하게 되었다. 불안, 사재기, 미래에 대한 걱정, 공황, 우울 등으로 정신적인 문제를 호소하는 사람도 늘었다.

한편 원래부터 소파에 드러누워 TV만 보고 아무것도 하지 않던 사람들, 집에서 나가지 않던 은둔형 외톨이들은 그다지 큰 불편을 겪지 않는다. 원격수업을 하는 교사 중 일부는 열정적으로 영상을 찍고 학생들을 관리하지만 다

른 일부는 의미 없는 프린트물만 나눠 준 뒤 나머지는 부모
들에게 떠넘긴다.

그렇다면 우리는 어떻게 이 위기 상황을 극복할 수 있
을까? 독일의 전 총리 헬무트 슈미트는 위기일 때 인성이
드러난다고 말했다. 지금과 같은 위기 상황에서 우리는 어
떻게 인성을 비롯한 자기다움을 지켜낼 수 있을까?

1945년 이후 독일에서 태어난 사람이라면 개인이자
사회의 일원으로서 정신적, 경제적 위기를 겪었을 것이다.
당시 사람들은 갑자기 국가 비상사태의 한가운데에 서서
개인적인 능력에 따라 다른 임무를 부여받았다. 세금 인상,
사회복지비 삭감, 자녀수당 조정 등이 진행됐다. 이전에 우
리 삶은 국가 정책에 의해 조종되기는 했으나 늘 사전 통보
를 받았고 예측할 수 있는 수준의 변화를 겪었다. 그런데
국가 정책이 갑자기 엄한 부모님처럼 변했다. 보일 듯 말 듯
우리 삶에 개입해 있던 정치가 어느 순간 거대한 존재감을
드러냈다.

역사학자들은 전염병이 종교, 경제, 사회에 미치는 영
향을 연구했다. 중세 시대에는 페스트(흑사병)가, 그다음에
는 매독이 맹위를 떨쳤고, 이후 스페인 독감이, 이어서 콜

레라가 유행했다. 항생제가 발명된 후에는 인간이 걸릴 수 있는 대부분의 감염성 질병이 특히 서구 산업국가에서 서서히 자취를 감췄다. 오로지 바이러스만이 여전한 힘을 과시했다. 유럽에서는 과거 소수자들이 주로 HIV 바이러스에 감염됐지만 예방법과 치료법이 발달하면서 감염자가 줄었고 감염되더라도 관리가 가능해졌다. 에이즈에 대한 공포가 높았던 1987년, 바이에른 지역에서는 감염 위험이 높은 사람들을 대상으로 강제 전수조사가 실시됐고 HIV 감염자 수용시설에 관한 논의가 진행되었다. 보건 위협이 발생하면 정치인들도 공황에 빠질 수 있음을 알 수 있다.

많은 국가가 코로나19에 대한 광범위한 조치를 시행했고 락다운 실시 이후 봄과 여름에는 실제로 감염자의 수가 줄어들기도 했다. 보건 체계가 코로나19라는 질병을 어느 정도 감당하는 모습을 보이자 락다운 같은 제한이 잘못된 조치였다고 떠드는 사람들이 나타났다. 봄 즈음에 여러 제한 조치를 받아들였기 때문이었는지 우리 사회는 일치단결하여 위기 극복에 한 걸음 더 다가섰는데, 이런 성공적인 결과는 곧 모순적인 반응으로 이어졌다.

"아프거나 죽는 사람이 없다면 제한 조치를 따를 필

요가 뭐 있어?"

그리고 무엇보다도 너무 오래 이어진 위기 상황에 지치는 사람들이 늘어났다. 젊고 혈기왕성한 사람이라도 몇 주 정도는 파티나 모임 없이 참고 지낼 수 있다. 그런데 감염자와 사망자의 수가 줄어들자, 그렇다면 도대체 왜 제한 조치에 따라야 하느냐고 반발하는 사람들이 늘었다.

결국 우리는 2020년 12월에 불 보듯 뻔했지만 막을 수는 없었던 결과를 마주하고 말았다. 여태까지의 제한 조치에 대한 불만이 폭발하며 수많은 인파가 크리스마스 쇼핑에 나섰고, 안 그래도 추운 날씨 탓인지 코로나19의 전파가 걷잡을 수 없이 빨라졌다. 우리는 곧 셧다운으로 그 대가를 치러야 했다.

타인과 연대하고, 이성적으로 행동하고, 개인의 특권을 포기하고, 언제 어디서나 겸손하기. 지난 몇 년 동안 이런 미덕을 원하는 사람은 많았으나 실제로 이를 따르거나 연습하는 사람은 많지 않았다. 긍정적으로 표현하자면, 우리 사회에서 개인과 자아실현이 아주 높은 가치를 지닌다는 뜻이다. 부정적으로 표현하자면, 우리 사회가 이기주의자들로 구성되었다는 뜻이다. 게다가 지금 같은 위기 상황에 가장 취약한 이들은 스스로를 지킬 수조차 없다. 바로 어린이들이다. 요즘 어린이들만큼 폭력과 빈곤에 노출된 계층은 없다. 또 저소득층은 중위 계층에 비해 불경기를 더 뼈저리게 체감하고 있다. 반면 고소득층은 위기 상황에도 비교적 안정적이다.

독일과 미국을 비교하면 독일의 사회 체계와 보건 체계는 유지에 돈이 많이 들지만 최악의 상황을 막는 데 유리하다는 사실을 알 수 있다. 코로나19 팬데믹으로 모두가 힘들다. 그러나 독일인들은 태어난 곳이 독일이라는 이유만으로 혜택을 누린다. 다른 위기도 마찬가지다. 기후변화는 전 세계인이 겪는 위기이지만, 남반구에 비해 북반구에 사는 우리가 겪는 위기는 덜 극단적이다.

이번 위기가 우리 사회에 어떤 영향을 미칠지 예측하기란 어렵다. 우리가 이번 위기를 잘 극복한다면 연대와 공동체가 강조되고 여태까지 누리던 특권과 소비습관을 다시 고찰해보는 방향으로 나아갈 것이다. 새로운 깨달음을 얻으면 직간접적으로 우리에게 영향을 미치는 다른 여러 위기 또한 극복할 수 있을 것이다. 안정적인 민주주의와 탄탄한 경제, 비교적 발전된 사회구조를 갖춘 나라조차도 치명적인 질병 때문에 큰 혼란에 빠질 수 있다는 사실을 직접 보고 느낀 사람은 전쟁이나 분쟁 지역 피난민의 마음을 더 잘 헤아릴 것이다.

모든 위기가 기회는 아니다

지금 같은 위기 상황이 아니었다면 이렇게 많은 사람들이 오랜 기간 홈오피스에서 일하지는 않았을 것이다. 인터넷을 활용한 업무가 폭증했고 회사의 모든 구성원이 반드시 출근해서 일해야 한다고 생각하던 사장들조차 직원들을 집으로 보내야 했다. 사람들은 겨우 1시간짜리 회의를 하려고 국내선 비행기를 타고 출장을 갈 필요가 없어졌다. 거의 모든 회의는 줌Zoom을 통해 화상으로 이뤄지며 회의 시간 또한 대폭 줄었다. 이제 사람들이 책상에 앉아 얼굴을 맞대고 이야기하는 대신 흔들거리는 식탁에 노트북을 올려두고 초점이 잘 맞지 않는 화면 너머에서 이야기하기 때문이다. 회의 참석자들은 시간을 때우려고 쓸데없는 이야기를 하는 대신 간략하게 본론만 이야기한다.

이산화탄소 배출은 무려 11퍼센트나 줄었다. 생산 및 항공 이동이 줄어들었기 때문이다. 위기 덕분에 업무 능률이 오르고 자연환경이 회복되고 있다는 뉴스도 심심치 않게 눈에 띈다. 반면 사회가 무너지고 사람들이 분열하며 결국에는 파멸에 이르는 부정적인 위기 상황도 있다. 모든 아픔에 배움이 있는 것은 아니며 어떤 때는 슬픔이 너무 깊어 영혼이 회복하지 못하기도 한다.

위기의 끝에는 더 강하고 똑똑하고 현명하고 보다 나아진 우리가 있을 거라 믿어야 한다고 압박하는 것은 우울증에 걸린 사람들에게 운동을 하고 건강한 음식을 먹고 일찍 자고 일찍 일어나면 된다고 대충 조언하는 것이나 마찬가지다. 그런 와중에 자아실현을 과도하게 장려하는 산업 분야는 프로테스탄트적인 노동정신을 주장하며 돈을 번다. 많은 이들이 '충분히 노력하면(그리고 내 유튜브를 구독하면) 더 나은 사람이 된다'고 말한다. 그렇지 않다. 영혼이라는 대륙을 덮치는 쓰나미 같은 위기가 닥쳤을 때는 쓰나미에 휩쓸려 물에 가라앉지 않는 것만으로도 대단한 일이다. 이를테면 25년의 결혼생활 후 이혼을 결심하는 것 또한 대단한 일이다. 그리고 나서 반드시 행복할 필요도 없다. 그저 살아 있으면 된다.

2021년에 예전부터 다니던 직장에 계속 다니고, 배우자와 함께 있으며, 자존감을 유지하고 있고, 낙관적인 확신과 저축예금이 아직 남아 있는 사람들은 대단한 일을 이뤘다고 볼 수 있다. 아무리 자본주의가 '오로지 성장만이 생존'이라는 패러다임이라 하더라도 우리는 때때로 현상유지 전략을 선택할 수 있다. 위기 속에서 아무것도 망치지 않고, 어떤 문도 영원히 닫아버리지 않고, 누구도 영원히 쫓아내지 않기만 하더라도 우리는 많은 일을 해낸 셈이다. 그렇지만 대부분의 사람들은 결국 잘못된 선택으로 인한 결과라는 잿더미 위의 부랑자처럼 넋을 잃고 앉게 된다. 우리를 구원하고 모든 것을 바로잡을 데우스 엑스 마키나^{deus ex machina}(연극 무대에서 기계 장치로 내려오는 신을 뜻한다—옮긴이)는 극소수 사람들의 눈앞에만 나타난다.

DNA에 새겨진 위기의 흔적

우리의 증조부모나 조부모 세대 사람들은 인내의 대

가들이었다. 두 차례의 세계대전과 한 차례의 경제 대공황을 겪었고, 난민이 되기도 했고, 모든 것을 잃은 다음 0에서부터 다시 시작하기도 했다. 울며 주저앉거나 죄를 굳이 자백하지 않는 이상 뭐든지 해낼 수 있었다. 악몽 같은 삶과 영혼의 타락, 국가로부터의 배척 등을 견뎌냈다.

고난을 겪고도 쓰러지지 않은 사람들은 타인의 슬픔에도 아랑곳하지 않을 정도로 강해졌다. 압박을 견디지 못한 사람들, 트라우마를 극복하지 못한 사람들, 죄책감에 시달려 결국 죄를 숨기지 못한 사람들은 소외되었다. 사회 전체가 앞으로 나아가야만 했기 때문이다. 이렇게 감정이라고는 메말라버린 사막 같은 곳에서 자란 어린이들은 어떻게 됐을까? 시간이 지나면서 위기의 흔적이 유전적으로 남아 있다는 사실이 증명되었다. 예를 들어 전쟁 피해자의 아이들은 유전적으로 트라우마를 물려받았고 몸과 저항력이 모두 약했다.

그다음 세대인 1968년 사회운동(1968년 혁명이라고도 하며 세계 곳곳에서 독재정부나 권위주의적 정권에 맞선 사회운동을 말한다—옮긴이) 세대에게까지 죄책감과 고통은 이어졌다. 이들은 또한 적응력을 기르고 능력을 개발해야 한다는 납덩이처럼 무거운 압박에 짓눌렸다. 부모와 다른 가족들의 꿈을 애써 무시하거나 아니면 평생 동안 질질 끌고 다녀야 했다.

현재 일흔이 넘은 부모나 조부모가 있다면, 조금만 대화를 나눠도 그 모든 흔적을 찾을 수 있을 것이다. 자기 자신은 전쟁으로 가족을 잃어본 경험이 없을지라도, 그런 경험 및 트라우마가 있는 부모 밑에서 자란다면 비슷한 트라우마를 겪을 수밖에 없기 때문이다. 현재의 우리보다 윗세대인 사람들은 전쟁을 겪은 세대는 아니지만 젊었을 때 동성애가 터부시되는 사회, 정신적 질병을 쉬쉬해야 하는 사회, 여자와 아이에 대한 폭력이 용인되는 사회에서 자랐다.

다만 그들의 조부모나 부모와는 달리 1968년 사회운동 세대는 1970년대와 1980년대에 걸쳐 생물학적인 위기를 나타내는 단어들을 만들어냈다. 예를 들어 중년의 위기, 정체성 위기, 결혼 위기, 석유 파동(에너지 위기) 등이다. 스웨덴의 정신분석학자 요한 컬베리는 1978년에 오늘날까지도 통용되는 4단계 모델을 개발했다. 충격 단계, 반응 단계, 처리 단계, 새로운 방향 정립 단계다. 이 단계에 따라 우리는 우리가 겪는 위기를 묘사할 수 있다.

1단계: "충격적인 일이 벌어졌어요! 도와주세요"

얼마 전까지만 해도 세상은 정돈된 상태였고(적어도 지금보다는) 우리는 많은 일을 해야 했다. 배우자와의 관계를 보살피고, 일도 하고 돈도 벌고, 건강과 가족을 챙기고, 집을 가꾸고, 자아실현도 해야 했다. 그런데 그 견고하던 것들이 흔들리고 무너지기 시작했다. 어떤 이들은 '나한테 이런 일이 벌어지다니, 믿을 수 없어! 이건 꿈일 거야!'라며 충격에 빠졌다. 불안, 걱정, 공황, 지나친 부담감에 어쩔 줄을 몰랐다.

'앞으로 어떻게 되는 걸까?'

어떤 사람들은 현실도피를 택했다. 통장잔고를 보지 않으면 파산 위기도 존재하지 않는 것처럼 느껴지리라 생각했다. 연인과 헤어진 사람들은 어차피 겪었을 일이며 새로운 사람을 만나면 그만이라고 생각했다. 병원에서 충격적인 진단을 받은 사람들은 애써 '다른 의사에게 가면 다른 결과가 나올 거야'라고 생각했다. 코로나 바이러스 또한 마찬가지였다. 많은 사람들이 이 바이러스는 중국과 이탈리아, 독일의 바이에른 등 일부 지역에서만 기승을 부리다 곧

잠잠해질 것이라고 생각했다.

공황에 빠지든 상황을 부정하든 충격은 똑같이 크다. 충격적인 상황에 능숙하게 대처할 수 있는 사람은 많지 않다. 아무런 생각과 감정이 들지 않거나 상황을 똑바로 보지 못하기도 한다. 위기가 얼마나 위협적인지에 따라 충격 단계는 몇 시간에서 몇 주 동안 이어진다.

어떻게 극복할 수 있을까?

상황을 외면하거나 현실에서 도피한다면 문제를 완전하게 해결하지 못한다. 충격에 빠져 아무런 행동에 나서지 못하는 것도 마찬가지다. 자세히 살펴보면, 상황이 생각만큼 나쁘지 않은 경우도 있다. 물론 어떤 때는 생각보다 훨씬 지독한 경우도 있다. 그러나 대부분의 경우, 그냥 손을 놓고 있다가는 더 깊은 수렁에 빠지고 만다. 상황을 살핀 다음 인내심을 갖고 기회를 기다리는 것이 좋은 전략이다. 혼자서 아무것도 할 수 없다면 친구나 가족, 의사의 도움을 받는 편이 낫다. 주변인의 도움으로 충격을 극복하고, 앞으로 어떻게 해야 할지 계획을 세울 수 있다.

어떻게 도울 수 있을까?

친한 친구에게서 전화가 왔다. 배우자가 직장을 잃었는데 엎친 데 덮친 격으로 아버지까지 돌아가셨다고 한다. 어떻게 도울 수 있을까? 충격적인 사건을 겪은 지인이나 친구에게 해줄 수 있는 응급조치로는 곁에 있어주기, 따뜻한 담요 덮어주기, 안정시키고 다독이기, 흥분 자제하기, 필요한 경우 구조대에 전화하기 등이 있다. 지금 우리가 처한 상황에도 적용할 수 있는 방법이다.

여러 가지 해결책을 준비했다고 해도 당사자가 아직 충격에서 헤어 나오지 못했다면 다른 행동에 나설 올바른 시점이 아니라는 점을 알아야 한다. 그저 곁에서 손을 잡아주고, 따뜻한 수프를 끓여주고, 안정을 되찾을 때까지 기다려야 한다. 남을 위로하는 가장 좋은 방법은 따뜻하게 안아주는 것이다. 어떤 사람들은 어려움에 처했을 때 자신이 건 전화를 받아줄 상대방이 있다는 사실을 아는 것만으로도 안정을 찾기도 한다.

상대방에게 어떤 위로 방법이 잘 맞는지 모르겠다면 여러 해결책을 찾아두고 하나씩 시도해보면 된다. 상대방의 정신적, 신체적 위기가 자신이 감당할 수 있는 수준을 넘어섰다면 다른 친구나 가족 혹은 전문가에게 도움을 요청하자. 심리상담 전화 등을 이용할 수도 있고, 원래 알던 주치의를 찾아가도 된다.

기본적인 응급조치를 마쳤다면 이제 어려움에 처한 사람이 직접 이야기하기를 기다려야 한다. 당장 해결되어야 하는 문제가 있다면 그 방법과 해답을 찾는 데 도움을 주자. 만약 아직은 해결할 수 없다면 그 시점이 될 때까지 기다려야 한다. 가까운 사람이 괴로워하는 모습을 지켜보기란 고통스럽겠지만 시간이 필요할 때는 기다리는 게 약이다.

2단계: "왜 하필 나야? 누가 잘못한 거야?"

곧 잠자기, 부정하기, 무시하기 같은 전략이 효력을 잃는 순간이 온다. 그리고 상실의 고통과 분노가 몸집을 키운다. 나를 떠난 연인은 돌아오지 않을 것이고, 나를 해고한 직장도 나를 다시 불러주지 않을 것이다. 코로나 바이러스는 아직도 사라지지 않았다. 이제 사람들은 무기력증, 불안, 아무런 대책이 없는 상태에 빠졌다. 자존감과 면역력 또한 바닥을 치고 있다.

술에 매달리거나 세 살배기 아이처럼 비이성적이고 10대 청소년처럼 충동적인 행동을 하는 사람도 늘었다. 전형적인 예가 코로나 사재기다. 사람들은 화장지 30팩, 밀가루 20봉지, 스파게티 면 50킬로그램 등을 구입했다. 다섯 가족이 14일 동안 쓸 수 있는 양이다. 프랑스인들은 와인과 콘돔을 사재기했다. 얼핏 보면 유쾌해 보이는 생존 전략이지만 사실 위험하다. 잠 못 드는 밤을 술로 지새우는 사람이든, 하루 종일 생각에 빠져 고민하는 사람이든 위기 자체가 아니라 다른 것에 집중하는 경향이 강하기 때문이다. 먹을 것, 일, 개인 위생에 관한 고민은 죄책감이나 의미에 대한 질문에 답을 내릴 때쯤 시작된다.

어떻게 극복할 수 있을까?

끊임없이 이어지는 고통. "고통 없이는 얻는 것도 없다 No pain, no gain"라는 말은 이제 우리에게 용기보다는 분노를 준다. 우리는 고통을 잊으려고 몸부림치고, 그러기 위해 섹스와 마약, 로큰롤에 빠지지만, 몸이 망가지고 통장이 텅 비고 나면 그마저도 더 이상 손에 넣을 수 없다. 위기는 건물을 철거할 때 쓰는 쇳덩이처럼 우리에게 와 부딪혔다. 어떤 사람은 회사 화장실에서 조용히 울었고, 어떤 사람은 옆 사람의 숨소리가 너무 크다는 이유로 고함을 질러댔다. 가장 끔찍한 건 우리가 그런 자신의 모습을 보면서도 어찌할 도리가 없었다는 사실이다.

어떤 사건이 막 진행 중이거나 종료되고 나면 사람들은 부수적인 피해를 주장하고 공감과 이해를 호소한다. 누구나 위기를 겪은 적이 있고, 아무리 독선적인 사람이라고 해도 마음속 한구석에는 공감 능력이 있다. 만약 두 가지 위기 극복 전략 중 하나를 선택해야 한다면 후폭풍이 더 적은 쪽을 선택해야 한다. 직장 동료보다는 친구를 귀찮게 하는 편이 낫고, 폭음보다는 초콜릿 폭식이 더 낫다. 즉 위기 극복 전략을 선택할 때는 뒷수습까지 고려해야 한다.

슬픔은 억지로 느낄 수 있는 감정이 아니며 쉽게 밀어낼 수 있는 감정도 아니다. 그러니 3년 동안 슬픔을 극복할 전략을 찾으려고 노력하기보다는 그냥 3주 동안 펑펑 울고 화낸 다음 일상을 되찾는 편이 낫다. 슬프고 괴로울 때는 아무 생각 없이 몸을 움직이며 일하는 것도 도움이 된다. 청소, 정리정돈, 물건 비우기 등을 추천한다.

어떻게 도울 수 있을까?

"그놈이 잘못했어! 내가 왜 이런 꼴을 당해야 해? 더이상 못 참아!"

친구나 지인이 이런 말을 계속 되풀이하더라도, 귀 기울여 들어주고 이야기를 나누면 큰 도움이 된다. 공감이란 고도의 정신력을 요구하는 힘든 일이다. 참고, 끝까지 견디고, 고통을 최소화하는 것이 유일한 도움이다. 괴로워하며 술을 마시다가 완전히 취한 친구가 3차를 가자며 외치더라도 온몸으로 막는 것이 돕는 것이다. 열 받은 친구가 개차반 같은 전 남자친구에게 전화하지 않도록 끝없이 이어지는 이야기를 묵묵히 들어주는 것이 돕는 것이다. 홈스쿨링에 지쳐버린 학부모 모임 엄마들의 분노와 푸념을 참아내는 것이 돕는 것이다. 모든 일에는 해결책이 있고, 우리는 타인의 문제를 해결할 가장 좋은 방법을 알고 있다.

하지만 가장 중요한 것은 결국 자신의 문제는 스스로 버텨내고 해결해야 한다는 점이다. 타인에게 조언과 도움을 주는 것은 대개의 경우 옳은 일이다. 하지만 상대방이 반드시 나의 조언에 따라야 한다고 생각하면 실망하게 마련이다. 이미 힘들고 어려운 상황에 처해 고통스러워하는 사람에게 당신의 기대라는 짐을 하나 더 얹어줘봐야 문제 해결에 아무런 도움이 되지 않는다. 더 이상 상대방을 도울 방법이 없다면 한 발짝 물러나도 괜찮다. 언제 어떻게 다시 도움을 줄 수 있을지 그 경계를 스스로 정하는 편이 좋다. 당신이 도와준다는 명목으로 상대방이 탄 배의 키를 조종하려 하는 것은 돕는 것이 아니다.

3단계: "이렇게 하면 될 거야!"

전 애인은 비열한 자식이고, 전 상사는 머저리고, 삶은 불공평하고, 죽음은 엄한 사람의 목숨을 앗아간다. 우리는 이런 현실을 바꿀 수 없다. 하지만 상황은 조금씩 변한다. 품절대란이 일어났던 일회용 마스크는 이제 어디서든 찾아볼 수 있고, 제빵용 이스트도 다시 슈퍼마켓의 선반을 채웠다. 학부모들은 다른 부모들과 협력해 아이들의 학업을 돕고 있다.

우리 인간은 스스로의 삶을 결정하고 꾸려 나갈 가능성을 품고 있다. 고통스러운 순간이 발생하더라도, 시간이

지날수록 아픔은 줄어든다. 왜 그런지, 어떻게 그럴 수 있는지는 그리 중요하지 않다. 앞으로 어떤 일이 벌어질 수 있고, 또 벌어져야 하는지가 중요하다. 어쩌면 직장을 잃은 충격적 사건을 계기로 더 흥미로운 다른 일자리를 찾을 수 있다. 남에게 투덜거리지 않고 혼자서 좋아하는 축구 중계를 하루 종일 보는 것도 잘못된 일은 아니다. 끝없는 불행의 순환 속에서 발생하는 고통을 희망으로 잊을 수 있기 때문이다.

어떻게 극복할 수 있을까?

희망과 새로운 아이디어가 찾아올 때마다 매번 기뻐하라. 기분이 나아지고 자신감이 돌아왔다면 다행이다. 물론 모든 새로운 희망과 새로운 아이디어, 새로 잡힌 면접 등이 꼭 행운으로 이어지는 것은 아니다. 그러나 서두를 필요 없다. 상황을 조금씩 극복하려는 찰나에 거대한 슬픔이 다시 당신을 덮쳤다고 해서 절망의 구렁텅이로 다시 빠질 필요도 없다. 상실감이 점차 옅어지고 다른 이미지가 떠오르는 순간이 바로 곤경에서 빠져나갈 첫걸음을 뗄 기회다.

잠 못 드는 밤이 이어지다가 어느 순간 잠들게 됐을

때, 의미 없는 전화 통화만 하다가 문득 다른 생각이 들었을 때도 마찬가지다. 운동하고, 산책하고, 수면의 질을 높이기 위해 노력하고, 하루에 적어도 한 종류 이상의 채소를 먹는 등 '자기돌봄'을 하는 것도 좋은 선택지다. 샤워할 기력도 없고, 스트레스로 폭식을 하다 살이 쪘고, 아이들이 코로나 때문에 공부는 뒷전인 채 넷플릭스만 보고 있다고 해도 너무 엄격해지지 않는 편이 좋다. 서서히 삶의 루틴과 규칙을 되찾는 일이 위기에서 빠져나가는 좋은 전략이다.

어떻게 도울 수 있을까?

퍼뜩 떠오른 좋은 아이디어를 현실화할 기회다. 커튼을 교체해 집 안 분위기를 바꾸고, 구인 광고를 찾아보고, 도자기 공방을 찾아 도자기를 구워보고, 지인을 만나고, 비디오 게임을 해보자. 어떤 생각이 떠오르든 곧장 행동에 나서면 삶의 기쁨을 되찾을 수 있다. 위기에 빠진 타인을 도울 수 있는 모든 방법을 시도해본다. 위기가 또다시 찾아오더라도 견뎌낸다. 상대방이 당신에게 시간과 도움을 되돌려줄 수 있을 만큼 회복된다면 가장 바람직하다.

4단계: "모든 것이 새롭다"

모든 단계가 잘 진행되었다면 당신은 최악의 상황을 견뎌냈을 것이다. 아직 그 상황에서 벗어나지 못했다면 이전 단계로 돌아가 다시 시도해본다.

해피엔딩을 맞이했다면 새로 얻은 지식과 경험을 바탕으로 앞으로 더 강력한 위기가 다가오더라도 헤쳐 나갈 방법을 손에 넣었을 것이다. 접시가 몇 개 깨졌더라도 아직 찬장에 멀쩡한 접시가 남아 있다면 그것만으로도 가치가 있다. 깨진 접시의 파편이 얼마나 크든 간에 이제는 호기심을 품고 앞으로 나아가 새로운 사랑, 새로운 직장, 새로운 집을 찾을 때다. 자신감도 차올랐을 것이다. 샤워하기, 일하기, 요리하기 등은 더 이상 어려운 과제가 아니다. 친구나 데이트 상대를 만나는 것도 마찬가지다.

어떻게 극복할 수 있을까?

당신의 삶이 이제 새로운 궤도에 접어들었으니 과거의 인간관계나 행동을 새로운 시각으로 바라볼 수 있을 것이다. 최악의 상황을 견뎌냈다면 이제는 과거를 되돌아볼 때다. 왜 그런 일이 일어났을까? 다른 방법은 없었을까? 누가 혹은 무엇이 나에게 도움이 되었는가? 누구에게 감사해야 하는가? 누구에게 사과해야 하는가? 가장 중요한 질문이 남았다. 나는 앞으로 어떻게 달라질 것인가?

이 단계에서는 자신이 모든 것을 이겨냈다는 사실에 자신감이 차오르고 스스로에게 감격하게 마련이다. 자기 자신을 자랑스럽게 여기는 건 좋은 일이다. 하지만 자신의 경험에 비추어 남들에게 이렇게 하는 편이 낫다고 설교하거나 자신이 앞으로 더 이상 고통을 겪지 않을 것이라고 자만해서는 안 된다. 운이 따라주지 않았다면, 그리고 주변인의 도움이 없었다면 위기에서 벗어날 수 없었을 테니 말이다. 그러니 설교 대신 다른 것으로 보답하라.

어떻게 도울 수 있을까?

고통을 겪던 지인이 4단계에 돌입했다면 이제 마음 놓고 기뻐해도 좋다. 그 사람이 당신에게 감사의 말을 건넨다면 받아들이고 즐기면 된다. 돌아오는 감사의 말이 없다고 하더라도, 그런 말을 바라고 남을 도운 것은 아닐 테니 상황이 나아졌다는 데 만족하면 된다.

회복탄력성: 다음 위기에 도움이 될까?

위기 상황에서는 겉으로 드러나는 엄격함이 아니라 자신의 가능성의 한계를 받아들일 수 있는 능력이 더 중요하다. 아무리 부딪쳐도 바뀌지 않을 상황을 무조건 돌파하려고만 하는 것은 최악의 위기관리 전략이다. 자신의 능력과 그 한계를 현실적으로 인식해야 지금 갖고 있는 힘이나마 목표 지향적으로 발휘할 수 있다. 자만심은 도움이 되지 않는다. 맹목적으로 달려들기보다는 현재 아무런 해결책이 없다고 솔직하게 인정하는 편이 다른 사람에게 도움이 될 뿐만 아니라 자신의 에너지도 아낄 수 있는 방법이다. 스스로를 잘 아는 사람은 위기를 더 잘 극복하며 삶을 더 유연하게 살 수 있다.

주변 사람들과 탄탄한 사회적 관계망을 형성해두면 면역력과 회복탄력성에 좋다. 모든 걸 혼자 해내지 않아도 된다는 사실을 아는 사람은 설사 도움을 받지 못해도 위기 상황에 더 침착하게 대처할 수 있다. 죄책감이나 거절당할지도 모른다는 두려움 없이 도움을 요청하고 받아들일 수 있는 능력을 평소에 연습해두면 위기 상황에 도움이 된다.

그리고 나 또한 기꺼이 남을 도와주는 것은 '네가 주기 때문에 내가 준다'는 상호주의 원칙 이상의 의미가 있다. 행동학자들의 연구에 따르면 영장류는 직접적인 이득이 없다는 사실을 알아도 이타적으로 행동한다. 이타적인 행동이 공동체를 강화하기 때문이다. 남을 도움으로써 자신의 문제 해결 능력을 강화하면 언젠가 그 진가가 발휘된다.

눈앞에 벌어진 상황 때문에 순간적으로 엄청난 압박을 받으면 스스로를 피해자라 여기게 된다. 상사, 부모, 배우자, 동료 등 다른 누군가에게 책임을 돌리면 내가 행동에 나서거나 문제를 해결하려고 고군분투할 필요가 없기 때문이다. 하지만 그러면 자신감이나 자신의 문제 해결 능력에 대한 믿음은 절대 성장하지 않는다. 그러니 남에게 책임을 전가하지 않는 방법도 일상 속에서 연습해야 한다. 다른 사람에게 화를 내거나 쓸데없이 따지고 들며 시간과 에너지를 낭비하기 전에 더 의미 있고 유용한 문제 해결 전략을 세워야 한다. 누군가를 완전히 다른 사람으로 바꾸기란 경험상 불가능한 일이다. 그러나 스스로 서서히 변화하는 것은 가능하다.

염세주의자들은 관찰력이 더 뛰어나고 상황을 더 현

실적으로 바라볼 수 있지만, 사실 위기 상황을 타개하는 능력이 더 뛰어난 건 낙관주의자들이다. 최악의 상황에도 웃을 수 있고 조금이나마 좋은 점을 찾아낼 수 있는 사람은 회복력이 더 강하다. 한편 발생한 일을 수용하는 것 또한 중요한 전략인데, 수용력은 염세주의자들이 더 뛰어나다. 그렇다고 해서 앞으로 발생할 문제를 극복하기 위해 항상 밝고 자의식이 강하고 자신감 넘치는 사람이 돼야 한다는 뜻은 아니다. 코로나 시국에는 외향적이고 사회적으로도 발이 넓은 사람들이 오히려 더 큰 어려움을 겪었다. 위기 상황에 따라 그것을 극복하는 데 필요한 기술과 능력은 각자 다르다. 대부분의 위기 상황은 외부적인 요인에 의해 발생하기는 하지만, 내면의 악마가 불난 집에 부채질하는 경우도 적지 않으므로 그로 인한 부작용 또한 개인적이다.

고통이든 기쁨이든 어떤 것이 밀어닥치든 모든 사람에게 도움이 되는 가장 좋은 대비책이 있다. 슬픔을 견딜 수 없을 정도가 되기 전에 자신의 정신건강을 돌봐야 한다. 운동하고, 건강한 식사를 하고, 비타민을 섭취하고, 충분히 자고, 스트레스를 줄이고, 건강진단을 받고…… 신체의 건강을 잘 지키는 방법은 모두가 잘 알고 있고, 대체로 잘 따르고 있다. 그만큼 정신과 뇌를 건강하게 유지하는 일도 중요하다. 상담 전문가나 정신건강 전문의의 도움을 받아 오랜 트라우마를 극복하고 마음을 건강하게 돌보는 일은 위기를 극복하기 위한 최고의 투자다.

어쩌면 나도 무례한 사람일까

초판 1쇄 발행 2022년 06월 20일

지은이 헨리에테 쿠르트·사라 파울젠
옮긴이 강민경
펴낸이 김기용·김상현

편집 전수현 김승민   **디자인** 이현진
마케팅 조광환 김정아 정지연   **콘텐츠홍보** 김지우 조아현 송유경

펴낸곳 필름(Feelm) 출판사
등록번호 제2019-000086호   **등록일자** 2016년 6월 13일
주소 서울시 영등포구 양평로30길 14, 세종앤까뮤스퀘어 907호
전화 070-8810-6304   **팩스** 070-7614-8226
이메일 office@feelmgroup.com

필름출판사 '우리의 이야기는 영화다'
우리는 작가의 문체와 색을 온전하게 담아낼 수 있는 방법을 고민하며 책을 펴내고 있습니다.
스쳐가는 일상을 기록하는 당신의 시선 그리고 시선 속 삶의 풍경을 책에 상영하고 싶습니다.
홈페이지 feelmgroup.com   **인스타그램** instagram.com/feelmbook